I pronomi italiani

hanno collaborato Alessandro De Giuli e Giuliana Trama

1 9 9 9

ALMA

Alma Edizioni
Firenze

Progetto grafico e impaginazione:
Maurizio Minerva

Copertina e illustrazioni:
Thelma Alvarez - Lobos

Impianti e stampa:
la Cittadina, azienda grafica
Gianico (BS)
lacittadina@globalnet.it

Si ringraziano Grace Anderson
e Renata Pisanti

ISBN 88-86440-21-9

Alma Certosa srl
Piazza Baldinucci 8/r
50129 Firenze - Italia
Tel/Fax (++39) 055 476644
email: almaedi@tin.it
sito internet:
http://thor.he.net/ almaed

PRINTED IN ITALY

Indice

I pronomi diretti LO, LA, LI, LE

• *LO, LA, LI, LE sono pronomi diretti.*

		singolare	plurale
maschile		**LO**	**LI**
femminile		**LA**	**LE**

• *I pronomi diretti si usano per sostituire cose, persone o animali.*
Di solito vanno prima del verbo.
Leggi il giornale? Sì, **lo** leggo (lo = il giornale).
Vuoi la mela? Sì, **la** voglio (la = la mela).
Mangi gli spaghetti? Sì, **li** mangio (li = gli spaghetti).
Conosci quelle ragazze? Sì, **le** conosco (le = quelle ragazze).

• *I pronomi diretti rispondono alle domande CHI? CHE COSA?*
Prendi l'autobus? Sì, **lo** prendo (CHE COSA? L'autobus!).
Questa sera vedi Marco e Giovanni? Sì, **li** vedo (CHI? Marco e Giovanni!).

• *I pronomi diretti singolari LO e LA possono diventare L' davanti a una parola che comincia per vocale.*
Chi accompagna Paolo? **L'**accompagna Mario.
Questa canzone è bellissima, **l'**ascolto sempre.

• *I pronomi diretti plurali LI e LE non prendono mai l'apostrofo.*
Chi accompagna i bambini? **Li** accompagna la mamma.
Queste canzoni sono bellissime, **le** ascolto sempre.

• *Quando c'è un verbo + un infinito, il pronome diretto può andare prima del verbo o dopo l'infinito.*
Vuoi la cioccolata? No grazie, non **la** posso mangiare.
No grazie, non posso mangiar**la**.

• *Il pronome diretto LO può sostituire anche una frase, con il significato di "QUESTO".*
Che cosa è successo? Non **lo** so.
(= non so che cosa è successo; non so questo).

ESERCIZI

1.1. Leggi il dialogo e sottolinea tutti i pronomi diretti che trovi.

Portiere - Buongiorno.
Turista - Buongiorno. Avete una camera singola per stanotte?
Portiere - Sì, certo. Come la vuole: con il bagno o senza?
Turista - Ma... Dipende dal prezzo...
Portiere - Con il bagno sono quarantamila lire.
Turista - No, no... Il bagno costa troppo. Non lo voglio. Quanto costa senza?
Portiere - Trentamila. Nel prezzo della camera è compresa anche la prima colazione.
Turista - Va bene, la prendo. La posso vedere?
Portiere - Sì, d'accordo...
Turista - A che piano è?
Portiere - Al quinto.
Turista - C'è l'ascensore?
Portiere - No, non c'è.
Turista - Uffh! Io ho tutti questi bagagli...
Portiere - Li può lasciare qui. Li prendiamo dopo.

1.2. Quali parole sostituiscono i pronomi?

Come **la** vuole? **la = camera**

Non lo voglio. **lo =** ________________
Va bene, la prendo. **la =** ________________
La posso vedere? **La =** ________________
Li può lasciare qui. **Li =** ________________
Li prendiamo dopo. **Li =** ________________

1.3. Ora completa il dialogo con i pronomi diretti.

Portiere - Buongiorno.
Turista - Buongiorno. Avete una camera singola per stanotte?
Portiere - Sì, certo. Come ________ vuole: con il bagno o senza?
Turista - Ma... Dipende dal prezzo...
Portiere - Con il bagno sono quarantamila lire.
Turista - No, no... Il bagno costa troppo. Non ________ voglio. Quanto costa senza?
Portiere - Trentamila. Nel prezzo della camera è compresa anche la prima colazione.
Turista - Va bene, ________ prendo. ________ posso vedere?
Portiere - Sì, d'accordo...
Turista - A che piano è?
Portiere - Al quinto.
Turista - C'è l'ascensore?
Portiere - No, non c'è.
Turista - Uffh! Io ho tutti questi bagagli...
Portiere - ________ può lasciare qui. ________ prendiamo dopo.

2. Collega le domande con le risposte giuste.

1) Prendi un caffè?
2) Compri le banane?
3) Prendi la medicina?
4) Compri il latte?
5) Compri i giornali?
6) Prendi i soldi?
7) Guardi la tv?
8) Guardi il film?
9) Prendi le chiavi?
10) Guardi le fotografie?
11) Compri l'acqua?
12) Guardi i quadri?

a) No, non la guardo.
b) Sì, li prendo.
c) Sì, la compro.
d) No, non lo guardo.
e) Sì, li guardo.
f) No, non lo prendo.
g) Sì, le guardo.
h) Sì, lo compro.
i) No, non le compro.
l) Sì, le prendo.
m) Sì, la prendo.
n) Sì, li compro.

3. Scegli il pronome giusto.

Leggi il giornale? Sì, **LO/LA** leggo.

1) Vuoi un caffè? Sì, grazie, **LO/LA** prendo volentieri.
2) Prendete la macchina? No, non **LO/LA** prendiamo.
3) Luigi vende la sua casa? No, non **LO/LA** vende.
4) I tuoi amici portano il vino? Sì, **LO/LI** portano.
5) Comprate le sigarette? Sì, **LI/LE** compriamo.
6) Chi lava i piatti? **LI/LA** lava Laura.
7) Oggi vedi i tuoi amici? No, **LI/LE** vedo domani.
8) Quando fai le valigie? **LI/LE** faccio più tardi.
9) Prendi il treno alle sette? No, **LO/LA** prendo alle otto.
10) Dove posso fare i biglietti? **LO/LI** puoi fare alla stazione.
11) Guardi la partita? No, non **LO/LA** guardo.
12) Laura ama Carlo? No, non **LO/LA** ama.
13) Sai dov'è Giacomo? No, non **LO/LA** so.

4. Sostituisci il nome in neretto con un pronome diretto.

Mangio **la pasta** tutti i giorni. **La** mangio tutti i giorni.

1) Guardo **la televisione** tutte le sere. ______________________
2) Preparo **i panini** perché ho fame. ______________________
3) Saluto **il professore** e vado a casa. ______________________
4) Apro **il libro** a pagina 17. ______________________
5) Aldo prende **l'autobus** alle 7.30. ______________________
6) Maria cucina **il pollo** con le patate. ______________________
7) Noi non conosciamo **quei signori.** ______________________
8) Faccio **l'esame** domani. ______________________
9) Posso aprire **la finestra**? ______________________
10) Voglio cambiare **le scarpe**, sono troppo strette. ______________________

5. Completa le domande con le parole della lista.

le patate - gli occhiali - la cena - Anna e Paola - il pranzo - l'ascensore - i soldi - i caffè

1) Chi paga ____________________ ? Lo pago io.
2) Prendi ____________________ ? No, grazie, non le voglio.
3) Quando prendi ____________________ ? Li prendo Venerdì 27.
4) Chi paga ____________________ ? Li pagano loro.
5) Prendi ____________________ ? No, non lo prendo, vado a piedi.
6) Chi porta ____________________ a casa? Le porta Luigi.
7) Chi offre ____________________ ? La offre Mario.
8) Da quanto tempo porti ____________________ ? Li porto da due anni.

6. Completa i dialoghi con i pronomi diretti LO/LA/LI/LE.

6.1 - Allora ragazzi, bevete qualcosa?
- Sì, io prendo un caffè. _____ voglio senza zucchero e con un po' di latte.
- E tu, Antonio?
- Per me niente caffè. Non _____ bevo mai. Preferisco una coca cola. _____ voglio fredda e con un po' di limone.

6.2 - Chi accompagna i bambini a scuola domani mattina?
- _____ accompagno io, ma ho bisogno della macchina. _____ posso prendere?
- Sì. Io domani non _____ uso.

6.3 - Buongiorno, avete due camere per questa notte?
- Sì, certo. _____ vuole singole o matrimoniali?
- Una matrimoniale per me e mia moglie e una singola per mio figlio.
- D'accordo. _____ vuole vedere?
- Non c'è bisogno, grazie. Sono un vecchio cliente.

7.1. Scegli il pronome giusto.

Piccola storia della lingua italiana.

Da dove viene la lingua italiana? Qual è la sua origine? Come il francese, lo spagnolo, il portoghese e il rumeno, l'italiano viene dal latino. Non il latino classico di Cicerone e di Giulio Cesare, ma il latino popolare del medioevo. In questo periodo la gente non parla più il latino classico, perché nessuno **LO/LA/LI** conosce; solo gli scrittori e gli studiosi continuano a usar**SI/LO/LI** nei loro libri. Nelle strade invece la gente parla una lingua più semplice: il latino popolare o "volgare".
Nel 1300 in Toscana i poeti e gli scrittori cominciano a usare il volgare anche in letteratura. Dante, Petrarca, Boccaccio, i padri della letteratura italiana, scrivono le loro opere in volgare fiorentino. Sono opere belle e famose: non solo i fiorentini, ma anche molti italiani **LI/LE/LO** leggono e **LE/LA/L'** ammirano.
In quest'epoca Firenze, con le sue banche e i suoi artisti, è il centro economico e culturale dell'Italia. La lingua fiorentina non è solo la lingua della letteratura, ma anche del commercio e della politica. I ricchi, i potenti, gli uomini d'affari e gli intellettuali italiani **LO/LI/LA** usano per comunicare tra loro. Così, piano piano, lingua fiorentina e lingua italiana cominciano a significare la stessa cosa.
Ma quando, nel 1861, l'Italia diventa uno Stato, non c'è ancora una vera lingua nazionale. Infatti non tutti capiscono la lingua toscana e solo pochi **LA/LO/LI** parlano veramente.
Le persone meno istruite continuano a parlare i dialetti regionali: il siciliano, il veneto, il romano, il napoletano, il piemontese... I dialetti italiani sono tantissimi e non possiamo certo nominar**LE/LI/LO** tutti. Diciamo solo che per molto tempo l'Italia resta una nazione divisa linguisticamente. Oggi, quasi tutta la popolazione conosce l'italiano e circa il 75% **LA/LO/LI** usa regolarmente.

7.2. Rispondi alle domande con i pronomi diretti.

1) Perché nel medioevo la gente non parla più il latino classico?
2) Come scrivono le loro opere Dante, Petrarca e Boccaccio?
3) Quando l'Italia diventa uno Stato, tutti parlano la lingua italiana?

7.3. Completa le frasi con i pronomi diretti.

1) Nel medioevo la gente non parla più il latino classico perché nessuno _____ conosce. Solo gli scrittori e gli studiosi continuano a usar_____ nei loro libri.
2) Le opere di Dante, Petrarca e Boccaccio sono belle e famose. Molti italiani _____ leggono e _____ ammirano.
3) La lingua fiorentina non è solo la lingua della letteratura, ma anche del commercio e della politica. I ricchi, i potenti, gli uomini d'affari e gli intellettuali italiani _____ usano per comunicare tra loro.
4) Quando l'Italia diventa uno Stato, tutti capiscono la lingua italiana, ma pochi _____ parlano veramente.
5) I dialetti italiani sono tantissimi e non possiamo nominar _____ tutti.
6) Oggi, quasi tutta la popolazione conosce l'italiano e circa il 75% _____ usa regolarmente.

I pronomi diretti MI, TI, CI, VI

• *Altri pronomi diretti sono MI, TI, CI, VI.*

	singolare	plurale
I persona	**MI**	**CI**
II persona	**TI**	**VI**

• *MI, TI, CI, VI si usano come gli altri pronomi diretti.*
Chi **ti** accompagna? **Mi** accompagna Mario.
Andate a comprare i biglietti, io **vi** aspetto qua.

ESERCIZI

1. Scegli il pronome giusto.
Mi ami? Sì, **MI/<u>TI</u>** amo.

1) Per andare a casa prendi l'autobus? No, **MI/TI** accompagna Luigi.
2) Dove mi porti stasera? **MI/TI** porto a teatro.
3) Ci chiami domani? Sì, **VI/TI** chiamo.
4) Ora che hai una nuova casa, io e mia moglie aspettiamo che tu **TI/CI** inviti.
5) Tu e Mario siete sempre in ritardo e io questa volta non voglio aspettar**CI/VI**.
6) Mi senti? Sì, **CI/TI** sento.

2. Completa il dialogo con i pronomi diretti MI, TI, CI, VI.
- Allora, stai partendo?
- Sì, ho il treno tra venti minuti.
- Se vuoi, _____ posso accompagnare alla stazione.
- No, grazie, _____ accompagna Pietro con la sua macchina.
- Ma con la mia moto facciamo prima. Dai, _____ porto io.
- No, non sono solo. Vengono anche Marta e Francesca. Non _____ puoi portare tutti con
la tua moto.
- Ah, d'accordo. Dove andate a dormire quando arrivate a Parigi? _____ ospita qualcuno?
- Sì, _____ ospita un amico di Marta.
- Allora buon viaggio.

- Grazie.

3. Completa il dialogo con i pronomi diretti.

- Cos'hai? Perché sei così triste?
- Claudia non _____ ama più. _____ vuole lasciare.
- Ha un altro?
- Sì.
- E chi è?
- Non _____ so. Non _____ conosco.
- E tu?
- Io _____ amo ancora!
- Capisco, ma perché non fai qualcosa? Perché non _____ chiami, non parli con lei?
- Non posso, lei non _____ vuole più vedere!

I pronomi diretti e il participio passato

• *Quando i pronomi diretti LO, LA, LI, LE sono prima di un tempo composto (passato prossimo, trapassato prossimo, futuro anteriore, ecc.), il participio passato finisce con -o, -a, -i, -e.*

Hai letto i libri? Sì, **li** ho lett**i**.
Avete mangiato la torta? Sì, **l'**abbiamo mangiat**a**.
Hai comprato il giornale? Sì, **l'**ho comprat**o**.
Hai visto le ragazze? Sì, **le** ho vist**e**.

ESERCIZI

1. Scegli l'espressione giusta.

Avete visto queste fotografie?
a) Sì, l'abbiamo visto.
b) Sì, le abbiamo visto.
c) Sì, le abbiamo viste.

1) Hai accompagnato Laura?
a) Sì, l'ho accompagnato.
b) Sì, l'ho accompagnata.
c) Sì, la ho accompagnato.

2) Avete fatto gli esercizi?
a) Sì, li abbiamo fatto.
b) Sì, le abbiamo fatte.
c) Sì, li abbiamo fatti.

3) Roberto ha pagato il conto?
a) Sì, lo ha pagati.
b) Sì, l'ha pagati.
c) Sì, l'ha pagato.

4) Hai sentito la radio?
a) No, non l'ho sentito.
b) No, non l'ho sentita.
c) No, non la ho sentito.

5) Hanno ricevuto le mie lettere?
a) No, non le hanno ricevute.
b) No, non le hanno ricevuto.
c) No, non li hanno ricevuti.

6) Dove avete messo i soldi?
a) Li abbiamo speso.
b) L'abbiamo speso.
c) Li abbiamo spesi.

7) Hai letto il giornale?
a) No, non l'ho ancora lette.
b) No, non l'ho ancora letto.
c) No, non li ho ancora letti.

8) Chi ha fatto la spesa?
a) L'ha fatto Paolo.
b) La ha fatto Paolo.
c) L'ha fatta Paolo.

2. Completa il participio passato con -O, -A, -I, -E.

Avete mangiato la torta?
Sì, l'abbiamo mangiat**a**.

1) Hai chiuso la finestra?
Sì, l'ho chius ____ .

2) Dov'è la mia borsa?
L'ha pres ____ Carlo.

3) Bevi un caffé?
No, grazie, l'ho già pres____ prima.

4) Che profumo! Avete fatto gli spaghetti?
Sì, li ha cucinat____ Anna.

5) È vero che hai visto Carla e Marta?
Sì, le ho incontrat____ due giorni fa.

3. Guarda cosa c'è nella borsa del signor Rapa e poi rispondi alle domande della moglie.

Signora Rapa:	Signor Rapa:
1) Hai fatto la spesa?	Sì, l'ho fatta.
2) Hai preso il pane?	Sì, l'ho preso.
3) Hai preso l'insalata?	No, non ________________
4) Hai preso le banane?	________________
5) Hai preso il pesce?	________________
6) Hai preso la pizza?	________________
7) Hai preso gli spaghetti?	________________
8) Hai preso le uova?	________________
9) Hai preso i limoni?	________________
10) Hai preso lo zucchero?	________________
11) Hai preso l'acqua?	________________

4. Riscrivi le frasi con i pronomi diretti. Attenzione al participio passato.

Ho venduto la macchina per due milioni. **L'ho** vendut**a** per due milioni.

1) Ha comprato la carne dal macellaio. ________________
2) Ho ricevuto le tue lettere la settimana scorsa. ________________
3) Come mai non avete sentito il telefono? ________________
4) Scusa, ma non ho capito la tua domanda. ________________
5) Quanto hai pagato queste scarpe? ________________
6) Ho salutato gli amici e poi sono partito. ________________

5. Sai riconoscere questi italiani famosi? Completa il testo e cerca di capire chi sono.

Chi è?

Personaggio n. 1

È stato il più grande generale romano. Ha combattuto molte guerre contro i Galli, i Britanni, i Germani e ____ ha vint____ tutte. I suoi successi militari ____ hanno portat____ a diventare imperatore di Roma. È stato anche un grande scrittore. Nei suoi libri ha parlato delle sue imprese militari e politiche. Come tutti i grandi uomini di potere, aveva molti nemici. Questi ____ hanno uccis____ un giorno di marzo, con ventitré coltellate. La storia della sua morte è conosciuta in tutto il mondo. William Shakespeare ____ ha raccontat____ in una famosa tragedia.

Personaggio n. 2

È considerato il più grande genio del Rinascimento italiano. Ha studiato il corpo umano e ____ ha rappresentat____ in importanti disegni scientifici. Ma anche i suoi studi di matematica, fisica, astronomia e ingegneria sono rilevanti. Per tutta la vita ha avuto un sogno: permettere all'uomo di volare. Per questo ha studiato a lungo gli uccelli e ____ ha osservat____ nel loro volo. Ha anche progettato le prime macchine per volare: se guardiamo bene, scopriamo che ____ aveva immaginat____ molto simili ai primi aeroplani. In pittura ha lasciato molte opere. Il suo capolavoro è il ritratto di una donna misteriosa: l'artista ____ ha dipint____ in un'espressione enigmatica, mentre sorride. È il quadro più famoso del mondo: sicuramente anche voi ____ avete già vist____.

Personaggio n. 3

È stato un grande navigatore. Aveva capito che la terra è rotonda ma per molto tempo i suoi contemporanei non ____ hanno ascoltat____. Per dimostrare le sue idee, ha chiesto tre navi alla regina di Spagna e ____ ha guidat____ verso ovest. Pensava di trovare una nuova via per le Indie, ma dopo tre mesi è arrivato in una terra sconosciuta. Quando ____ ha vist____, ha pensato: "Ecco le Indie. ____ ho trovat____!" Poi ha capito che aveva sbagliato e che quella era una terra nuova: non le Indie, ma l'America!

I pronomi indiretti

• *I pronomi indiretti sono MI/TI/GLI/LE/CI/VI/GLI*

MI	*(= A ME)*	*CI*	*(= A NOI)*
TI	*(= A TE)*	*VI*	*(= A VOI)*
GLI	*(= A LUI)*	*GLI*	*(= A LORO)*
LE	*(= A LEI)*		

• *I pronomi indiretti si usano per sostituire persone o animali.*
Di solito vanno prima del verbo.
Hai telefonato a Paolo? Sì, **gli** ho telefonato. (**gli** = a Paolo)
Che cosa hai detto a Maria? **Le** ho detto di studiare. (**le** = a Maria)
Che cosa hai dato al gatto? **Gli** ho dato il latte. (**Gli** = al gatto)
Mi passi il sale per favore? (**mi** = a me)
Hai scritto ai tuoi genitori? Sì, **gli** ho scritto. (**gli** = a loro, ai genitori)

• *I pronomi indiretti rispondono alla domanda A CHI?*
Hai telefonato a Paolo? Sì, **gli** ho telefonato. (A CHI? A Paolo!)
Che cosa hai detto a Maria? **Le** ho detto di studiare. (A CHI? A Maria!)

• *Quando c'è un verbo + un infinito, il pronome indiretto può andare prima del verbo o dopo l'infinito.*
Perché telefoni a Mario? Perché **gli** devo parlare.
Perché devo parlar**gli**.

• *I pronomi indiretti si usano soprattutto:*
1) con verbi come DIRE, PARLARE, RACCONTARE, DOMANDARE, CHIEDERE, RISPONDERE, SCRIVERE, TELEFONARE.
2) Con il verbo PIACERE.
3) Con verbi come SERVIRE, BASTARE, SEMBRARE.
Paolo **mi** ha **chiesto** un aiuto.
Ho visto Carla e **le ho raccontato** tutto.
Ti piace Roma? Sì, **mi piace.**
Vi serve la macchina oggi? No, non **ci serve.**

• *I pronomi indiretti GLI e LE non prendono mai l'apostrofo.*
Ho incontrato Ugo e ~~gl'~~ **gli** ho dato il regalo.
Ho incontrato Carla e ~~l'~~ **le** ho dato il regalo.

ESERCIZI

1.1. Completa il dialogo con le parole della lista.
le hanno offerto - ti dispiace - le ho detto - dirti - mi ha telefonato - le danno - ci farà - le hai consigliato - chiedermi

- Oggi la mia fidanzata ____________________ tre volte.
- Che cosa voleva ____________________ ?
- Voleva ____________________ un consiglio. ____________________ di andare a lavorare a Firenze e non sa cosa fare.
- E tu che cosa ____________________ ?
- ____________________ di accettare. Sai, ____________________ un buono stipendio...
- Non ____________________ vivere lontano da lei?
- Un po' sì, ma forse è meglio così. Io e Carla stiamo sempre insieme. Stare un po' separati ____________________ bene.

1.2. Sai completare la tabella?

A ME	Oggi Carla **mi** ha telefonato tre volte.
A TE	Oggi Carla __________ ha telefonato tre volte.
A VITTORIO	Oggi Carla __________ ha telefonato tre volte.
A PAOLA	Oggi Carla __________ ha telefonato tre volte.
A NOI	Oggi Carla __________ ha telefonato tre volte.
A VOI	Oggi Carla __________ ha telefonato tre volte.
AI SUOI AMICI	Oggi Carla __________ ha telefonato tre volte.
A RITA E SARA	Oggi Carla __________ ha telefonato tre volte.

1.3. Ora completa il dialogo con i pronomi indiretti.

- Oggi la mia fidanzata ______ ha telefonato tre volte.
- Che cosa voleva dir ______ ?
- Voleva chieder______ un consiglio. ______ hanno offerto di andare a lavorare a Firenze e non sa cosa fare.
- E tu che cosa ______ hai consigliato?
- ______ ho detto di accettare. Sai, ______ danno un buono stipendio...
- Non ______ dispiace vivere lontano da lei?
- Un po' sì, ma forse è meglio così. Io e Carla stiamo sempre insieme. Stare un po' separati ______ farà bene.

2. Sostituisci le parole in neretto con il pronome giusto.

Ho risposto **a Valerio** con una lettera. **GLI /LE/L'**ho risposto con una lettera.

1) Ho comprato un vestito nuovo **a mia figlia.** **GLI/LE/L'** ho comprato un vestito nuovo.

2) Pasquale ha promesso **ai nonni** che andrà da loro per Natale. Pasquale **LI/GLI/LE** ha promesso che andrà da loro per Natale.

3) I miei amici non piacciono **a Margherita.** I miei amici non **LE/GLI/LI** piacciono.

4) Voglio presentare Stefania **ai miei genitori.** **LE/GLI/LA** voglio presentare Stefania.

5) Giulio ha portato dei fiori **a Maria.** Giulio **GLI/L'/LE** ha portato dei fiori.

6) Stai tranquillo, non ho detto niente **a tuo padre.** Stai tranquillo, non **L'/LE/GLI** ho detto niente.

7) Se tu dai **a me** la macchina, come vai a casa? Se tu **TI/LA/MI** dai la macchina, come vai a casa?

8) **A te** piace vivere a Roma? **MI/TI/GLI** piace vivere a Roma?

9) Hai dato i soldi **alla signora Rocchi**? **GLI/LE/LI** hai dato i soldi?

10) Ho mandato un saluto **ai miei amici** di Parigi. **L'/GLI/LE** ho mandato un saluto.

3. Completa le frasi con i pronomi indiretti.

Hai parlato a tuo padre? Sì, **gli** ho parlato.

1) Mi hai detto tutto? Sì, _______ ho detto tutto.
2) Che cosa hai regalato a tuo marito? _______ ho regalato una borsa.
3) Hai scritto a Sandra? No, non _______ ho ancora scritto.
4) Che cosa hai chiesto ai vicini? _______ ho chiesto un po' di pane.
5) Vi piace il mare? Sì, _______ piace.
6) Perché Silvia è andata da Carlo? Per chieder_______ un consiglio.
7) _______ va di andare al cinema? No, non mi va.
8) Che cosa hai portato alle bambine? _______ ho portato dei giocattoli.
9) Quanti soldi hai prestato a Rita? _______ ho prestato un milione.
10) Ci hai preparato la pasta o il riso? _______ ho preparato la pasta.
11) Quando vi serve la macchina? _______ serve domani.
12) Claudia è ricca, perché è sempre così triste? Perché i soldi non _______ bastano per essere felice.

Diretto o indiretto?

• In italiano ci sono verbi che si usano solo con i pronomi diretti e verbi che si usano solo con i pronomi indiretti. Ma ci sono anche molti verbi che si possono usare qualche volta con i diretti e qualche volta con gli indiretti, a seconda della situazione. Per capire quale pronome usare, dobbiamo sapere a quale domanda risponde il verbo: se risponde alle domande "CHI?" o "CHE COSA?", significa che dobbiamo usare un pronome diretto, se risponde alla domanda "A CHI?" allora dobbiamo usare un pronome indiretto.

Esempi:
• Il verbo "mangiare" risponde alla domanda "CHE COSA?", questo significa che vuole un pronome diretto.
Io mangio **(CHE COSA?)** una mela. Io **la** mangio.

• Il verbo "telefonare" risponde alla domanda "A CHI?", questo significa che vuole un pronome indiretto.
Io telefono **(A CHI?)** a Mario. Io **gli** telefono.

• Il verbo "scrivere" è un verbo che si usa qualche volta con i pronomi diretti e qualche volta con gli indiretti.
1) Io scrivo **(CHE COSA?)** una lettera. Io **la** scrivo.
2) Io scrivo **(A CHI?)** a Francesca. Io **le** scrivo.

Nel primo caso risponde alla domanda "CHE COSA?", questo significa che dobbiamo usare un pronome diretto. Nel secondo caso risponde alla domanda "A CHI?", questo significa che dobbiamo usare un pronome indiretto.

SI USANO CON I PRONOMI DIRETTI

aiutare (qualcuno)
amare (qualcosa o qualcuno)
aprire (qualcosa)
ascoltare (qualcosa o qualcuno)
aspettare (qualcosa o qualcuno)
avere (qualcosa o qualcuno)
baciare (qualcosa o qualcuno)
bere (qualcosa)
cambiare (qualcosa o qualcuno)
capire (qualcosa o qualcuno)
cercare (qualcosa o qualcuno)
chiamare (qualcuno)
chiudere (qualcosa)
combattere (qualcosa o qualcuno)
cominciare (qualcosa)
conoscere (qualcosa o qualcuno)
decidere (qualcosa)
desiderare (qualcosa o qualcuno)
dimenticare (qualcosa o qualcuno)
fermare (qualcosa o qualcuno)
finire (qualcosa)
frequentare (qualcosa o qualcuno)
fumare (qualcosa)
girare (qualcosa)
guadagnare (qualcosa)
guardare (qualcosa o qualcuno)
guidare (qualcosa o qualcuno)
imparare (qualcosa)
iniziare (qualcosa)
invitare (qualcuno)
lavare (qualcosa o qualcuno)
mangiare (qualcosa)
mettere (qualcosa)
migliorare (qualcosa)
parcheggiare (qualcosa)
perdere (qualcosa o qualcuno)
pregare (qualcuno)
prenotare (qualcosa)
pronunciare (qualcosa)
pulire (qualcosa)
ricevere (qualcosa o qualcuno)
ringraziare (qualcuno)
salutare (qualcuno)
sapere (qualcosa)
sbagliare (qualcosa)
scegliere (qualcosa o qualcuno)
sconfiggere (qualcosa o qualcuno)
scusare (qualcuno)
seguire (qualcosa o qualcuno)
sentire (qualcosa o qualcuno)
spegnere (qualcosa)
spendere (qualcosa)
sposare (qualcosa o qualcuno)
studiare (qualcosa o qualcuno)
suonare (qualcosa)
svegliare (qualcuno)
tagliare (qualcosa)
tenere (qualcosa o qualcuno)
trovare (qualcosa o qualcuno)
uccidere (qualcuno)
vedere (qualcosa o qualcuno)
vincere (qualcosa)
visitare (qualcosa o qualcuno)

SI USANO CON I PRONOMI INDIRETTI

bastare (a qualcuno)
credere (a qualcuno)
interessare (a qualcuno)
mancare (a qualcosa o a qualcuno)
piacere (a qualcuno)
restare (a qualcuno)
rimanere (a qualcuno)
rispondere (a qualcuno)
sembrare (a qualcuno)
servire (a qualcuno)
succedere (a qualcuno)
telefonare (a qualcuno)
voler bene (a qualcuno)

SI USANO CON DIRETTI E INDIRETTI

cantare (qualcosa a qualcuno)
chiedere (qualcosa a qualcuno)
comprare (qualcosa a qualcuno)
consigliare (qualcosa a qualcuno)
cucinare (qualcosa a qualcuno)
dare (qualcosa a qualcuno)
dichiarare (qualcosa a qualcuno)
dire (qualcosa a qualcuno)
domandare (qualcosa a qualcuno)
fare (qualcosa a qualcuno)
giurare (qualcosa a qualcuno)
insegnare (qualcosa a qualcuno)
lasciare (qualcosa o qualcuno; qualcosa/qualcuno a qualcuno)
leggere (qualcosa o qualcuno; qualcosa a qualcuno)
mandare (qualcosa/qualcuno a qualcuno)
mostrare (qualcosa a qualcuno)
ordinare (qualcosa a qualcuno)
pagare (qualcuno; qualcosa a qualcuno)
parlare (qualche lingua; a qualcuno)
passare (al telefono: qualcuno a qualcuno; negli altri casi: qualcosa a qualcuno)
portare (qualcosa o qualcuno; qualcosa a qualcuno)
preferire (qualcosa/qualcuno a qualcosa/qualcuno)
prendere (qualcosa o qualcuno; qualcosa a qualcuno)
preparare (qualcosa o qualcuno; qualcosa a qualcuno)
presentare (qualcuno a qualcuno)
prestare (qualcosa a qualcuno)
promettere (qualcosa a qualcuno)
provare (qualcosa; qualcosa a qualcuno)
raccontare (qualcosa a qualcuno)
regalare (qualcosa a qualcuno)
ricordare (qualcosa o qualcuno; qualcosa a qualcuno)
ripetere (qualcosa a qualcuno)
rubare (qualcosa a qualcuno)
scrivere (qualcosa; qualcosa a qualcuno)
spedire (qualcosa a qualcuno)
spiegare (qualcosa a qualcuno)
vendere (qualcosa a qualcuno)

ESERCIZI

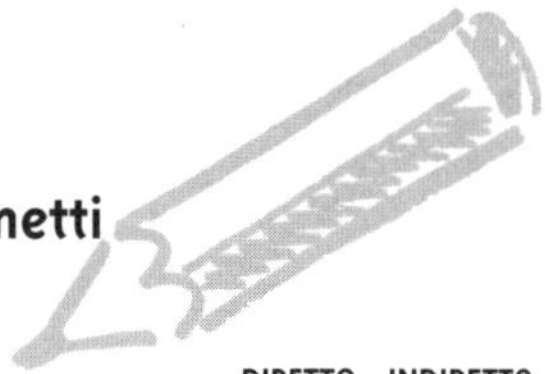

1. Completa le frasi con un pronome diretto o indiretto e poi metti una X sulla colonna giusta.

	DIRETTO	INDIRETTO
Ho visto Paolo e_GLI_ho detto di venire.		X
Ho incontrato Rita ma non_L'_ho salutata.	X	
1) Mi hai riportato i dischi che _____ ho prestato?		
2) È tutto il giorno che _____ cerco. Dove sei stato?		
3) Non ho le chiavi perché _____ ho date a Giulia.		
4) _____ ho fatto una domanda, ma lei non ha risposto.		
5) Ti posso dare solo 100.000 lire. _____ bastano?		
6) Che cosa _____ consigli di fare? Vado o non vado?		
7) Ho scritto la lettera ma non _____ ho ancora spedita.		
8) Se volete, _____ telefono più tardi.		
9) Piero ha detto che la commedia di ieri sera non _____ è piaciuta.		
10) Sono stanca, _____ puoi aiutare, per favore?		
11) Domani non possiamo venire, _____ ha invitato mia madre a pranzo.		
12) Marco e Serena lavorano troppo, il medico _____ ha consigliato di riposarsi.		
13) Siete di nuovo in ritardo, che cosa _____ è successo questa volta?		
14) _____ ho aspettati fino alle quattro, ma non sono venuti.		
15) Cari mamma e papà, _____ voglio tanto bene.		
16) Chiara non c'è, _____ ho lasciato un messaggio sulla segreteria telefonica.		

2.1. Scegli il pronome giusto.

- Buongiorno signora, c'è Aldo?
- No, in questo momento non c'è. Chi **LO/LA/LE** desidera?
- Sono Franco.
- Vuole che **LO/LA/GLI** dica qualcosa quando torna?
- Ma signora, sono Franco Ricci, **LE/MI/LO** dia del tu!
- Ah, scusa Franco, non **L'/TI/MI** avevo riconosciuto. Vuoi lasciar**TI/GLI/LO** un messaggio?
- Sì, **GLI/LO/LE** dica che **GLI/L'/TI** ho cercato e che **GLI/TI/LO** chiamo stasera, anzi no: **LO/GLI/LE** ritelefono nel pomeriggio!

2.2. Riscrivi lo stesso dialogo, sostituendo:

a) Aldo con Anna.

Es.: - Buongiorno signora, c'è Anna?

b) Aldo con Anna e Paola.

c) Aldo con Marco e Carlo.

3. Completa il dialogo con i pronomi diretti e indiretti.

Regali di Natale.

- Che cosa hai regalato a tua madre per Natale?
- ______ ho regalato una borsa di pelle.
- ______ è piaciuta?
- Moltissimo. ______ ho comprat______ da "Pelli 2000", quel negozio di via Frattina che ha tutta roba in pelle. ______ conosci?
- Sì, ha delle cose molto belle. E a tuo padre cosa hai fatto?
- Mia madre ______ aveva consigliato di far ______ un paio di guanti, ma quelli che ho visto da "Pelli 2000" non ______ piacevano, così ______ ho comprato una bella valigia nera. ______ servirà per il viaggio a Venezia che farò con la mamma il mese prossimo.
- E loro cosa ______ hanno regalato?
- Io ______ avevo chiesto di pagar______ un biglietto aereo per New York. Ho sempre sognato di andare in America, ma loro hanno detto che costava troppo. Così ______ hanno pagato un biglietto per Londra.
- Beh, meglio di niente... In aereo?
- No, in treno!

4. Completa il disegno con i pronomi diretti o indiretti.

«NO, MIO MARITO NON ______ HA DETTO CHE TIPO DI PISTOLA COMPRARE. NON SA NEANCHE CHE HO INTENZIONE DI SPARAR______!»

I pronomi e la forma di cortesia (LEI)

• *Nella forma di cortesia (o di rispetto) uso LEI invece di TU.*
Lei dove abita, signor Rossi? (e non: **Tu** dove abiti, signor Rossi?)

• *Quando uso la forma di cortesia con i pronomi diretti e indiretti, devo cambiare la II persona singolare con la III persona singolare FEMMINILE.*

PRONOMI DIRETTI	
Forma colloquiale **TI**	Forma di cortesia **LA**
Io non **ti** conosco, cosa vuoi? **Ti** porto a casa, Maria?	Io non **La** conosco, cosa vuole? **La** porto a casa, signorina?

PRONOMI INDIRETTI	
Forma colloquiale **TI**	Forma di cortesia **LE**
Ti posso fare una domanda, Marco? Ciao Valeria, **ti** telefono domani.	**Le** posso fare una domanda, professore? Arrivederci signora, **Le** telefono domani.

• *In alcune zone dell'Italia del sud per la forma di cortesia non si usa il LEI ma il VOI.*
Scusate, signor Esposito: **Vi** posso fare una domanda? **Voi** che lavoro fate?

ESERCIZI

1. Riscrivi le frasi con la forma di cortesia.

Ti dispiace parlare più forte? Non **ti** sento! **Le** dispiace parlare più forte? Non **La** sento!

1) Se vai in quel ristorante, ti consiglio di prendere il pesce, sono sicuro che ti piacerà.
2) "Allora, mi scriverai?" "Certo, ti scriverò."
3) Ti devo dire una cosa molto importante, hai un minuto?
4) Non ti voglio più vedere, hai capito?
5) Ho solo ventimila lire, ti bastano?
6) Ti ringrazio per quello che hai fatto per me.
7) Sei una persona meravigliosa, non ti dimenticherò mai.
8) Ti chiedo scusa, ti prometto che non succederà più.
9) Carlo ha detto che ieri sera ti ha visto a teatro.
10) Ti posso invitare a casa mia?
11) Ti posso offrire un caffè?
12) Ti va di guardare un film stasera?

13) Non ti ha salutato perché non ti conosce.

2. Scegli il pronome giusto.

Uno strano messaggio.

Signor X - Pronto, posso parlare con il signor Ferretti, per favore?
Segretaria - **LE/TI/MI/GLI** dispiace, in questo momento il signor Ferretti non c'è.
Signor X - Quando **LA/LO/LUI/LE** posso trovare?
Segretaria - Non **LA/LI/LO/IO** so. Forse verso le quattro.
Signor X - **GLI/LO/LA/LE** posso lasciare un messaggio? *(al signor Ferretti)*
Segretaria - D'accordo: Lei chi è?
Signor X - **LO/MI/LA/LE** scusi, signorina. Preferisco non dir**LE/GLI/LO/LA** il mio nome.
Segretaria - Lei è il direttore di una società?
Signor X - Sono il capo della Mafia.
Segretaria - **MI/TI/LE/GLI** dispiace ripetere, per favore?
Signor X - **LE/GLI/TI/L'**ho detto che sono il capo della Mafia.
Segretaria - *(scrive)* "Capo della Mafia"... va bene. Qual è il suo messaggio?
Signor X - È questo: "Se non paga 100 milioni, **LA/LI/LE/LO** uccideremo".
Segretaria - Benissimo. È tutto?
Signor X - Sì, è tutto. **LA/LO/LI/LE** ringrazio.
Segretaria - Prego, arrivederci.

3. E ora completa quest'altro dialogo.

Il professionista.

Totò - Scusi capo, ________ disturbo?
Capo - No, no, vieni Totò. ________ stavo aspettando.
Totò - Volevo presentar________ il dottor La Morte. Da oggi comincia a lavorare con noi.
Capo - Piacere di conoscer_____, dottor La Morte. Benvenuto nella nostra grande famiglia. Totò ________ ha spiegato tutto?
La Morte - Sì, ________ ha spiegato tutto.
Totò - ________ ho detto tutto, capo. ________ ho dato la foto di Ferretti e l'indirizzo. Stia tranquillo. Il dottor La Morte è un professionista, non ________ deluderà.
Capo - Benissimo. Allora ________ faccio i miei auguri, dottor La Morte. Qui da noi il lavoro non ________ mancherà.
La Morte - Grazie, è sempre un piacere lavorare per la Mafia.

I pronomi riflessivi (1ª parte*)

• *I pronomi riflessivi sono MI, TI, SI, CI, VI, SI.*

(io) **mi** vesto	(noi) **ci** vestiamo
(tu) **ti** vesti	(voi) **vi** vestite
(lui / lei) **si** veste	(loro) **si** vestono

• *I pronomi riflessivi si usano quando l'azione si riflette (cade) sul soggetto.*

CHIAMARSI	(Io) **mi** chiamo Pasquale.
SVEGLIARSI	(Tu) a che ora **ti** svegli domani?
LAVARSI	Prima di mangiare, (lei) **si** lava sempre le mani.
ALZARSI	La mattina (noi) **ci** alziamo alle 9.
SEDERSI	Quando (voi) siete stanchi, **vi** sedete.
RIPOSARSI	(Loro) lavorano dal lunedì al sabato, la domenica **si** riposano.

• *Quando c'è un verbo + un infinito riflessivo, il pronome può andare prima del verbo o dopo l'infinito.*

Domani **mi** devo alzare presto.
Domani devo alzar**mi** presto.

* *La seconda parte è a pagina 69...*

ESERCIZI

1. Completa la tabella.

	Svegliarsi	Alzarsi	Lavarsi	Vestirsi
Paola	SI SVEGLIA.			
Antonio e Maria				
Voi				
Io e mio fratello				

2. Completa le frasi con i pronomi riflessivi.

1) Io ________ chiamo Paola. E tu, come ________ chiami?
2) Marco ________ alza sempre alle 7, invece Giulia e Carla ________ alzano alle 8.
3) Se sei stanco, perché non ________ riposi?
4) Non ________ siedi? Allora ________ siedo io!
5) "A che ora ________ svegliate la mattina?" " ________ svegliamo presto."
6) Oggi non ________ sento bene.
7) ________ sbagli: quel ragazzo ________ chiama Pietro, non Paolo.
8) "Come ________ vesti per la festa di stasera?" " Come sempre: ________ metto un paio di jeans e una maglietta."

ESERCIZI DI RICAPITOLAZIONE

(i pronomi diretti, i pronomi diretti e il participio passato, i pronomi indiretti, i pronomi e la forma di cortesia, i pronomi riflessivi).

1.1. Sai dire quali persone sostituiscono i pronomi in neretto?

Mario - Pronto?
Francesca - Pronto, Mario? Sono Francesca.
Mario - Ah, ciao Francesca. Come va?
Francesca - Bene, grazie. Mia madre **mi** ha detto che oggi **mi** hai chiamato.
Mario - Sì, **ti** ho telefonato per dir**ti** che stasera vado a un concerto di musica classica. **Ti** va di venire?
Francesca - Certo. La musica classica **mi** piace moltissimo. Viene anche Rita?
Mario - Non lo so, non **l'**ho ancora sentita. **La** puoi chiamare tu?
Francesca - Va bene, **le** telefono subito. E Arturo?
Mario - Viene anche lui. **Gli** ho appena telefonato.
Francesca - Allora a stasera.
Mario - D'accordo. Ciao.

1.2. Metti le frasi del dialogo nella colonna giusta.

DIRETTI	INDIRETTI
	MIA MADRE **MI** HA DETTO

1.3. Ora completa il dialogo.

Mario - Pronto?
Francesca - Pronto, Mario? Sono Francesca.
Mario - Ah, ciao Francesca. Come va?
Francesca - Bene, grazie. Mia madre ________ ha detto che oggi ________ hai chiamato.
Mario - Sì, ________ ho telefonato per dir____ che stasera vado a un concerto di musica classica. ________ va di venire?
Francesca - Certo. La musica classica ________ piace moltissimo. Viene anche Rita?
Mario - Non lo so, non ________ ho ancora sentita. ________ puoi chiamare tu?
Francesca - Va bene, ________ telefono subito. E Arturo?
Mario - Viene anche lui. ________ ho appena telefonato.
Francesca - Allora a stasera.
Mario - D'accordo. Ciao.

2.1. Completa il dialogo.

Signora - Pronto?
Francesca - Pronto, buongiorno signora. Sono Francesca. Posso parlare con Rita, per favore?
Signora - ________ dispiace, Rita non c'è.
Francesca - Quando ________ posso trovare?
Signora - Nel pomeriggio, verso le cinque.
Francesca - ________ posso lasciare un messaggio?
Signora - Certo, cosa ________ devo dire?
Francesca - ________ dica che ho chiamato, e se per favore può ritelefonar____.
Signora - Va bene.
Francesca - ________ ringrazio.
Signora - Di niente, arrivederci.

2.2. Riscrivi il dialogo, sostituendo Rita con Carlo.

- PRONTO?
- PRONTO, BUONGIORNO SIGNORA. SONO FRANCESCA. POSSO PARLARE CON CARLO, PER FAVORE?
- ECC.

3. In questo dialogo ci sono 2 errori. Trovali e correggili.

- Papà mi puoi prestare 100.000 lire?
- Per cosa ti servono?
- Voglio comprarmi un paio di scarpe nuove.
- Ma non gli hai già comprati una settimana fa?
- Sì, ma quelle erano nere. Adesso le voglio marroni.

4. Completa il testo della barzelletta.

È notte. In una strada deserta, un uomo sta cercando qualcosa sotto un lampione.
Un signore ________ vede e ________ domanda:
- ________ scusi, ________ è successo qualcosa?
- Sì, ho perso le chiavi di casa. - ________ risponde l'uomo - ________ può aiutare a trovar ________ , per favore?
- Certo, dove ________ ha pers ________?
- Laggiù, in mezzo alla strada.
- Ma allora perché ________ cerca sotto il lampione?
- Perché qui c'è più luce!

5. Scegli l'espressione giusta e poi cerca di capire di cosa parlano questi tre testi.

Un po' di storia.

a) È un movimento politico e anche un'ideologia. In Italia ha avuto il potere per vent'anni. Ha eliminato la democrazia e **LO/L'/GLI** ha sostituita con la dittatura. Molte persone **GLI/LI/L'** hanno dato fiducia, altre invece **LE/L'/GLI** hanno combattuto. Il suo capo **LO/SI/LI** chiamava Benito ma gli italiani **LI/SI/LO** chiamavano "duce". I suoi sostenitori portavano una camicia nera. Ha partecipato alla seconda guerra mondiale ma **L'/CI/LI** ha persa. Cos'è?

b) Era rosso o nero, di destra o di sinistra. In Italia **LO/L'/SI** è sviluppato soprattutto negli anni settanta, quando metteva bombe sui treni o nelle piazze, e sparava a giudici, politici e giornalisti per uccider**SI/LI/GLI** o terrorizzar**GLI/LA/LI.** Voleva fare la rivoluzione contro lo Stato e le sue leggi, ma il popolo italiano **LO/GLI/LI** ha detto "no" e **LA/LUI/L'** ha sconfitto. Cos'è?

c) Era un tipico stile di vita nella Roma degli anni sessanta, quando attori, registi, musicisti e scrittori andavano la sera in via Veneto per divertir**LO/SI/LI** e i "paparazzi" aspettavano le attrici per fotografar**LI/LE/GLI** insieme ai loro ultimi amori. Un film di Federico Fellini **L'/LE/GLI** ha resa famosa in tutto il mondo. Cos'è?

6. Ricomponi le frasi.

7. In questi testi ci sono molte ripetizioni.
Prova a riscriverli, usando i pronomi quando è necessario.

Maria.

Ieri ho telefonato a Maria. Ho chiesto a Maria se era libera e ho invitato Maria a cena da me. Ho preparato a Maria una cena a base di pesce, perché so che piace molto a Maria. Poi ho raccontato a Maria il mio viaggio in Cina e ho mostrato a Maria le fotografie che avevo fatto. Voglio molto bene a Maria. Conosco Maria da tanti anni, è la mia migliore amica.

Il controllore.

Stamattina sull'autobus è salito il controllore. Quando hanno visto il controllore, due ragazzi hanno cercato di scendere. Ma il controllore ha fermato i ragazzi e ha chiesto ai ragazzi di mostrare al controllore il biglietto. Naturalmente i due ragazzi non avevano fatto il biglietto. Allora il controllore ha detto ai ragazzi che dovevano pagare una multa. Ma i ragazzi non avevano né soldi né documenti. "Siamo disoccupati, non mangiamo da due giorni", hanno detto al controllore. E così non hanno pagato la multa.

Peppe e Luisa.

Domenica vado al matrimonio di Peppe e Luisa. Ho conosciuto Peppe e Luisa tre anni fa, a casa di Giulio. In quel periodo stavano già insieme. Luisa era innamoratissima, Peppe invece non amava Luisa; perciò diceva che a lui non piaceva molto e che non avrebbe mai sposato Luisa. E infatti dopo un po' ha lasciato Luisa. Allora, per dimenticare Peppe, Luisa è partita per Londra e non ha più visto Peppe per molto tempo. Non ha mai telefonato a Peppe e non ha mai scritto a Peppe. Da quel momento Peppe ha cambiato idea: ha cominciato a dire che Luisa era la donna della sua vita e che non poteva vivere senza di lei. Perciò è andato a Londra a cercare Luisa. Quando ha trovato Luisa, ha proposto a Luisa di diventare sua moglie. Così è l'amore.

La particella CI

• *Di solito la particella CI indica un luogo, un posto, una parte dello spazio.*
Vai a scuola domani? No, non **ci** vado (**ci** = a scuola).
Quando vai in banca? **Ci** vado martedì (**Ci** = in banca).
Passi da Firenze per andare a Genova? No, non **ci** passo (**ci** = da Firenze).

• *CI risponde alla domanda DOVE?*
Vieni al cinema? No, non **ci** vengo (DOVE? Al cinema!).

• *Di solito CI si usa prima del verbo.*
Quando c'é un verbo + un infinito, CI può andare prima del verbo o dopo l'infinito.
Vieni a Milano con me? No, non **ci** posso venire.
No, non posso venir**ci.**

• *Davanti al verbo "essere", CI può diventare C'.*
Mario è andato a Milano? No, non **c'**è andato.

ESERCIZI

1. Rispondi alle domande con CI.

A che ora vai in palestra? **Ci** vado alle quattro.

1) Lavori ancora in quell'ufficio? No, non ____________________ più.
2) Voi andate in vacanza a luglio? No, ____________________ ad agosto.
3) Chi abita nell'appartamento al terzo piano? ____________________ un avvocato.
4) Sei andato al supermercato? Sì, ____________________ .
5) Hai trovato qualcosa d'interessante in quel negozio? No, non ____________ niente.
6) Siete rimasti molto tempo a Parigi? No, ____________________ solo pochi giorni.
7) Cosa vuoi mettere su questa parete? ____________________ questo quadro.
8) Sei mai stato in Africa? Sì, ____________________ due volte.

2. Riscrivi le frasi con CI.

Vado a casa tra dieci minuti. — **Ci** vado tra dieci minuti.

1) Passiamo da Romeo alle sette. ____________________
2) Vado a teatro con Giulietta. ____________________
3) Hai messo l'olio nell'insalata? ____________________
4) Sono stato in Grecia l'estate scorsa. ____________________
5) Non voglio più tornare dal dentista, ho paura. ____________________

6) Anche Sergio è andato alla festa. __________________

7) Ieri sera sono andato a letto presto. __________________

8) Mi piacerebbe ritornare in Tunisia, è un bel paese . __________________

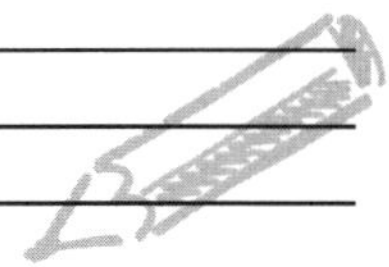

3. Completa il dialogo.

- Dove vai stasera?
- Vado al cinema.
- Con chi __________ vai?
- __________ vado con Luigi e Carlo. __________ va di venire?
- Va bene. E Mario?
- Non __________ abbiamo invitato.

4. Scegli l'espressione giusta e poi cerca di capire di quale città italiana parla questo testo.

Che città è?

Se volete divertir**VI/SI/TI** e vivere il caratteristico Carnevale, **LO/CI/LA** dovete andare in febbraio. Se invece **LE/VI/LO** interessa il cinema e volete assistere al famoso festival, allora il mese giusto per andar**LO/SI/CI** è settembre. Se infine volete passar**LA/CI/LI** una settimana da turisti, tutti i mesi dell'anno sono buoni per visitar**LA/CI/LI.** Però attenzione: se **CI/LA/L'** andate in macchina, non **LI/VI/CI** faranno entrare. Infatti chi **CI/LO/GLI** abita di solito **LA/CI/SI** muove a piedi o in vaporetto, perché non **LO/LE/CI** sono le strade, ma piccole vie che **LI/SI/LE** chiamano "calli", con ponti e canali. Insomma, è una città un po' speciale, così bella e famosa che forse anche voi **LA/CI/LO** siete già stati. Che città è?

5. In questo testo ci sono molte ripetizioni. Prova a riscriverlo, usando la particella CI o i pronomi, quando è necessario.

Felice.

Come ogni mattina, anche oggi Felice è andato alla stazione. Ma non è andato alla stazione per prendere il treno né per lavorare. Che cosa fa alla stazione allora? Se fate a Felice questa domanda, lui risponde: "*Vengo alla stazione perché ci sono i treni. Mi piace guardare i treni quando partono e quando arrivano. E poi osservo i viaggiatori: cerco di capire dove vanno, da dove vengono.*"

Felice passa in questo modo tutta la mattina. Verso mezzogiorno è quasi ora di andare a casa. Ma prima di tornare a casa, Felice si ferma a salutare l'uomo della biglietteria.

"*Ciao Felice, anche oggi vuoi un biglietto per il Brasile?*"

"*No, ho deciso che non vado più in Brasile, fa troppo caldo.*" - *risponde Felice* - "*Oggi voglio andare in Australia.*"

"*Mi dispiace Felice, ma i biglietti per l'Australia sono finiti*".- dice l'uomo della biglietteria. Allora Felice guarda l'uomo della biglietteria con aria un po' delusa e poi dice all'uomo della biglietteria: "*Va bene, non importa. Vuol dire che andrò in Australia la prossima volta!*"

La particella NE

• *Di solito la particella NE si usa quando parliamo di una quantità.*
Quante sigarette fumi al giorno? **Ne** fumo tre (**Ne** = sigarette).
Leggi molti libri? No, **ne** leggo pochi (**ne** = libri).

• *NE risponde alla domanda QUANTO?*
Faccio il caffé e **ne** bevo due tazze (QUANTO? Due tazze!).

• *ATTENZIONE! Con "TUTTO" non uso NE, ma i pronomi diretti LO, LA, LI, LE.*
Quanta torta vuoi? **La** voglio **tutta.**
ma:
Ne voglio **un po'.**
Ne voglio **una fetta.**
Ne voglio **tanta.**

• *Di solito NE si usa prima del verbo. Quando c'é un verbo + un infinito, NE può andare prima del verbo o dopo l'infinito.*
Devi scrivere ancora molte lettere? **Ne** devo scrivere tre.
Devo scriver**ne** tre.

La particella NE con i tempi composti

• *Quando NE è prima di un tempo composto (passato prossimo, trapassato prossimo, futuro anteriore, ecc.) il participio passato finisce con -O, -A, -I, -E.*
Quanti libri hai comprato? **Ne** ho comprat**o** uno (**ne** = libro).
Ne ho comprat**i** due (**ne** = libri).
Hai fumato molte sigarette oggi? Sì, **ne** ho fumat**e** venti (**ne** = sigarette).
No, non **ne** ho fumat**a** nessuna (**ne** = sigaretta).

ESERCIZI

1.1. Completa il dialogo con le parole della lista.

Le piace - la prendo - lo prende - ne prendo - ne prendo - ne posso - mi consiglia - Le consiglio - Le faccio - l'hanno portata - mi serve - Le serve

Dal fornaio.

Signora - Vorrei del pane senza sale, per favore.
Fornaio - Ecco, questo pesa un chilo esatto. ____________________ tutto?
Signora - No, no, è troppo... ____________________ metà.
Fornaio - D'accordo. ____________________ altro?
Signora - Sì, del formaggio.
Fornaio - Dolce o salato?
Signora - Ma, non so... Lei cosa ____________________ ?
Fornaio - Se ____________________ il formaggio dolce, ____________________ questa caciotta di Siena.
Signora - ____________________ assaggiare un pezzo?
Fornaio - Sì, certo... Ecco... È freschissima: ____________________ stamattina.
Signora - Uhm... Che buona! Ha ragione: ____________________ tre etti, anzi no: ____________________ tutta!
Fornaio - D'accordo. Poi?
Signora - Non ____________________ più niente. Grazie.
Fornaio - Va bene. Allora ____________________ il conto. In tutto fanno quattordicimila e seicento lire.

1.2. Rispondi alle domande.

La signora:
a) compra tutto il pane? ____
b) quanta caciotta assaggia? ____
c) quanta caciotta compra alla fine? ____

2. Completa le risposte con NE o con i pronomi diretti.

Quanti fratelli hai? **Ne** ho uno.

1) Quanti panini volete? _____ vogliamo due.
2) Hai molti amici? No, _____ ho pochi.
3) Vuoi questa o quella? _____ voglio tutte e due.
4) Conosci un buon ristorante qui in centro? No, non _____ conosco nessuno.
5) Quanti giornali leggi la mattina? _____ leggo uno.
6) Fa freddo, vuoi un maglione? No, non _____ voglio, grazie.
7) Di solito bevi molto vino? No, _____ bevo pochissimo.
8) Quanti soldi prendi? a) _____ prendo un po'. b) _____ prendo tutti.

3. Riscrivi le frasi usando NE o i pronomi diretti.

Bevo sempre molto latte. **Ne** bevo sempre molto.

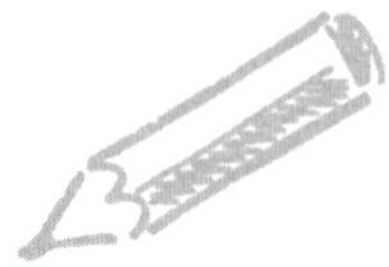

1) Non parlo molte lingue. ______________________
2) Marco vuole un po' di cioccolata. ______________________
3) Tu mangi troppa carne. ______________________
4) Antonio guarda tutti i programmi sportivi. ______________________
5) Volete comprare un'altra macchina? ______________________
6) Lascio due valigie al deposito bagagli. ______________________
7) La cameriera pulisce tutte le camere in due ore. ______________________
8) Non conosco nessuna ragazza a Napoli. ______________________

4. Scegli l'espressione giusta.

In farmacia.

- Avete qualcosa per il mal di gola?
- Se il mal di gola non è molto forte, **NE/LO/LE** posso dare questo spray.
- No, vorrei qualcosa di più efficace.
- Allora **LE/NE/LEI** serve un antibiotico: **GLI/LO/LE** consiglio il Folgoran.
- D'accordo. Quando **LO/LE/NE** devo prendere?
- **LO/NE/LI** deve prendere uno la mattina e uno la sera, prima dei pasti. Con l'antibiotico dovrà prendere anche della vitamina C. Ecco... **GLI/LI/LE** do il Ceporax.
- Il Ceporax, certo.
- **LI/LA/LO** conosce?
- Sì, **NE/L'/LA** ho già usato una volta, devo aver**NE/LA/LO** ancora una scatola a casa. Anche questo due volte al giorno?
- No, **LO/NE/LE** può prendere di più: una pasticca ogni 4-5 ore.

5. Completa il testo con le parole della lista e poi cerca di capire di quale città italiana parla. *la, li, ne, ne, ne, ci, vi, vi, l', le*

Che città è?

_________ potete mangiare la pizza più buona del mondo, ma non è famosa solo per questo. È una città mediterranea, calda e piena di vita. Se amate il sole, qui _________ trovate più che a Milano. Se _________ piace il mare, potete far _________ il bagno sulla costa o andare su una delle bellissime isole del suo golfo. Preferite le bellezze dell'arte? Qui _________ potete vedere molte. Infatti questa città ha una grande tradizione artistica e culturale. Nel corso dei secoli molti artisti stranieri _________ hanno amata e _________ hanno dedicato delle pagine piene di ammirazione. Non potendo nominar_________tutti, _________ ricordiamo solo due: il tedesco Goethe e il francese Stendhal. Cos'altro dire? È una città incredibilmente bella. Infatti un proverbio dice che se _________ vedi, dopo puoi anche morire! Che città è?

6. Scegli l'espressione giusta.

Loro hanno avuto due bambini.
a) Loro li hanno avuti due.
b) Loro ne hanno avuto due.
c) Loro ne hanno avuti due.

1) Questa estate ho letto molti libri.
a) Questa estate ne ho letto molti.
b) Questa estate ne ho letti molti.
c) Questa estate li ho letti molti.

2) Eva ha mangiato tutta la marmellata.
a) Eva ne ha mangiata tutta.
b) Eva ne ha mangiato tutta.
c) Eva l'ha mangiata tutta.

3) Questo mese abbiamo visto solo un film.
a) Questo mese ne abbiamo visto solo uno.
b) Questo mese l'abbiamo visto solo uno.
c) Questo mese ne abbiamo visto solo un film.

4) Ho incontrato le mie amiche alle quattro.
a) Ne ho incontrate alle quattro.
b) Ne ho incontrato alle quattro.
c) Le ho incontrate alle quattro.

5) Il professore ha fatto molte domande a Ugo e poche a Lia.
a) Il professore ne ha fatto molte a Ugo e poche a Lia.
b) Il professore le ha fatte molte a Ugo e poche a Lia.
c) Il professore ne ha fatte molte a Ugo e poche a Lia.

6) Non ho mai avuto nessuna difficoltà con l'inglese.
a) Non l'ho mai avuta nessuna con l'inglese.
b) Non ne ho mai avuta nessuna con l'inglese.
c) Non ne ho mai avuto nessuno con l'inglese.

7. Completa le risposte con NE o con i pronomi diretti.

Hai mangiato tutte le arance? No, **ne** ho mangiata una.

1) Hai una sigaretta? Mi dispiace, non ______ ho più, ______ ho fumat ______ tutte.

2) Hai trovato le tue scarpe?
a) Sì, ______ ho trovat ______ .
b) No, ______ ho trovat ____ solo una.

3) I terroristi hanno liberato gli ostaggi?
a) No, non ______ hanno ancora liberat____ .
b) Sì, ______ hanno liberat ____ tutti.
c) No, ______ hanno liberat ____ solo uno.

4) Quanti esami avete fatto?
a) ______ abbiamo fatt ____ pochi.
b) Non ______ abbiamo fatt ____ nessuno.
c) ______ abbiamo fatt ____ uno.

5) Quante partite di tennis hai giocato oggi?
a) Tre:______ ho vint ____ due e ______ ho pers ____ una.
b) Tre: ______ ho vint ____ tutte.

6) A chi hai dato i tuoi disegni?
a) Non ______ ho dat ____ a nessuno.
b) ______ ho dat ____ uno a Marco e uno a Luca.
c) ______ ho dat ____ tre a Marco e uno a Luca.
d) ______ ho dat ____tutti a Marco.

I pronomi combinati

PRONOMI INDIRETTI	+	PRONOMI DIRETTI	=	PRONOMI COMBINATI
MI	+	*LO, LA, LI, LE*	=	*ME LO-ME LA-ME LI-ME LE*
TI				*TE LO-TE LA-TE LI-TE LE*
GLI/LE				*GLIELO-GLIELA-GLIELI-GLIELE*
CI				*CE LO-CE LA-CE LI-CE LE*
VI				*VE LO-VE LA-VE LI-VE LE*
GLI				*GLIELO-GLIELA-GLIELI-GLIELE*

• *I pronomi indiretti + i pronomi diretti LO, LA, LI, LE formano i pronomi combinati.*
Quando scrivi la lettera a Luigi? **Gliela** scrivo domani.
Gliela = **Gli** (a Luigi) + **la** (la lettera).

Quando scrivi la lettera a Maria? **Gliela** scrivo domani.
Gliela = **Le** (a Maria) + **la** (la lettera).

Hai dato i soldi al proprietario? Sì, **glieli** ho dati.
glieli = **gli** (al proprietario) + **li** (i soldi).

Chi ti ha regalato questo libro? **Me l**'ha regalato mia moglie.
Me l' = **Mi** (a me) + **l'** (questo libro).

Quando ci porti le chiavi? **Ve le** porto subito.
Ve le = **Vi** (a voi) + **le** (le chiavi).

Papà, mi compri il gelato? Sì, **te lo** compro.
te lo = **ti** (a te) + **lo** (il gelato).

• *Di solito i pronomi combinati vanno prima del verbo. Quando c'è un verbo + un infinito, possono andare prima del verbo o dopo l'infinito.*
Puoi portare questo libro a Vittorio? No, non **glielo** posso portare.
No, non posso portar**glielo**.

• *Con la forma di cortesia, uso spesso il pronome GLIELO.*
Posso parlare con il signor Rizzo, per favore? Sì, **Glielo** passo subito.

ESERCIZI

1. Collega le domande con le risposte giuste.

1) Hai dato il libro a Luigi?
2) Hai dato i libri a Carla?
3) Hai dato la macchina ai tuoi genitori?
4) Hai dato le rose alla tua fidanzata?
5) Hai dato la macchina a tua moglie?
6) Hai dato la macchina a Sergio?
7) Hai dato i libri al professore?
8) Hai dato le arance al signore?
9) Hai dato il libro a tua sorella?
10) Hai dato i panini ai ragazzi?

a) Sì, glieli ho dati.
b) Sì, gliele ho date.
c) Sì, gliel'ho dato.
d) Sì, gliel'ho data.

2. Collega le domande con le risposte giuste.

1) Mi hai lasciato le chiavi?
2) Ci hai lasciato la chiave?
3) Mi hai lasciato il tuo indirizzo?
4) Ci hai lasciato i soldi?
5) Mi hai lasciato la chiave?
6) Mi hai lasciato i disegni?
7) Ci hai lasciato il pranzo?
8) Ci hai lasciato le chiavi?

a) Sì, te l'ho lasciata.
b) Sì, te l'ho lasciato.
c) Sì, ve l'ho lasciato.
d) Sì, te le ho lasciate.
e) Sì, ve l'ho lasciata.
f) Sì, ve le ho lasciate.
g) Sì, te li ho lasciati.
h) Sì, ve li ho lasciati.

3. Scegli l'espressione giusta.

Lia prepara il pranzo a suo marito ogni giorno.
a) Lia lo gli prepara ogni giorno.
b) Lia glielo prepara ogni giorno.
c) Lia ce lo prepara ogni giorno.

1) Se mi volete scrivere, vi do il mio indirizzo.
a) Se mi volete scrivere, velo do.
b) Se mi volete scrivere, glielo do.
c) Se mi volete scrivere, ve lo do.

2) Domenica voglio presentare Marina ai miei genitori.
a) Domenica la voglio presentargliela.
b) Domenica glieli voglio presentare.
c) Domenica gliela voglio presentare.

3) Il professore ci ha spiegato i pronomi, ma io non ho capito niente.
a) Il professore gliel'ha spiegati, ma io non ho capito niente.
b) Il professore cel'ha spiegati, ma io non ho capito niente.
c) Il professore ce li ha spiegati, ma io non ho capito niente.

4) Se sarai promosso, ti comprerò il motorino.
a) Se sarai promosso, te lo comprerò.
b) Se sarai promosso, te li comprerò.
c) Se sarai promosso, lo ti comprerò.

5) Abbiamo restituito i soldi a Carlo.
a) Gliel'abbiamo restituito.
b) Ce l'abbiamo restituiti.
c) Glieli abbiamo restituiti.

6) Mi passi il sale, per favore?
a) Me lo passi, per favore?
b) Melo passi, per favore?
c) Lo mi passi, per favore?

7) Ieri sera Anna ci ha raccontato la sua storia.
a) Ieri sera Anna ce l'ha raccontata.
b) Ieri sera Anna ce l'ha raccontato.
c) Ieri sera Anna ce lo ha raccontato.

8) Perché non vuoi prestare la tua macchina a Fabio?
a) Perché non te la vuoi prestare?
b) Perché non gliela vuoi prestare?
c) Perché non gli la vuoi prestare?

4. Completa le risposte.

Leggi sempre le favole ai tuoi bambini? Sì, **gliele** leggo sempre.

1) Chi prepara il pranzo a Cesare? ____________ prepara sua moglie.
2) Puoi prestarmi il tuo smoking? No, non ____________ posso prestare, mi dispiace.
3) Hai dato il libro a Laura? Sì, ____________ ho dat ___ .
4) Mi hai portato i giornali? Sì, ____________ ho portat ___ .
5) Quando mi fai questo favore? ____________ faccio appena posso.
6) Ci mandate una cartolina da Parigi? Sì, ____________ mandiamo.
7) Chi ti ha consigliato questo ristorante? ____________ ha consigliat ___ Paolo.
8) Vendi la tua chitarra a Marcello? No, non ____________ vendo.
9) Chi vi ha comunicato la notizia? ____________ ha comunicat ___ Lina.
10) Avete comprato il regalo agli sposi? Sì, ____________ abbiamo comprat ___ .

5. Scegli l'espressione giusta.

Un lavoro.

- Lo sai che Antonio ha trovato un lavoro?
- Ah, finalmente! Chi **TE L'/GLIEL'/GLI** ha detto?
- **GLIEL'/MI/ME L'** ha detto sua moglie. **GLIEL'/L'/LE** ho incontrata stamattina sull'autobus e **MI/ME L'/L'** ha dato la notizia.
- Sono contento. L'ultima volta che **CE L'/MI/L'** ho visto stava proprio male, poveretto. **GLI/ME LI/MI** aveva chiesto anche dei soldi...
- E tu **GLI/LI/GLIELI** hai dati?
- Certo. Era senza un lavoro, con una moglie e un figlio da mantenere... Non potevo non prestar**MI/GLIELI/GLI.** Quando potrà **GLIELI/ME LI/GLIELO** restituirà.
- Da quanto tempo era disoccupato?
- Da un anno e mezzo. Prima aveva lavorato per una ditta che produceva cosmetici: profumi, saponi, creme di bellezza, non **TE LO/LO/LI** sapevi?
- Sì, è vero, lui è laureato in chimica. Ma perché **L'/GLIELO/GLI** hanno mandato via?
- Aveva un contratto di un anno. E siccome la ditta non andava molto bene, quando il contratto è scaduto non **GLIEL'/GLI/LE** hanno rinnovato.
- Ma poi non aveva fatto una società con quel suo amico?
- Sì, però dopo pochi mesi è fallita. Non solo: il suo amico è partito e **LO/GLI/GLIELI** ha lasciato tutti i debiti da pagare.
- Povero Antonio. Per fortuna adesso ha trovato questo nuovo lavoro.
- Che cosa **TI/GLI/TE L'** ha detto sua moglie? È un buon posto?
- Sembra di sì. **GLIEL'/NE/L'** hanno assunto in una ditta di trasporti. Contratto a tempo indeterminato.
- Ditta di trasporti? Ma se non ha neanche la patente!
- Non deve mica guidare. Alla ditta serviva qualcuno con una buona conoscenza dell'inglese e così **L'/CE L'/GLIEL'** hanno preso. Farà l'impiegato.

6.1. Completa la lettera e poi cerca di capire da quale città italiana scrive Brenda.

Che città è?

CARA HANNA,

È ORMAI UN MESE CHE SONO ARRIVATA IN QUESTA BELLISSIMA CITTÀ E SOLO ADESSO TROVO IL TEMPO PER SCRIVER_____QUESTA LETTERA. INFATTI TRA LE LEZIONI D'ITALIANO E LE RICERCHE DI STORIA DELL'ARTE PER LA MIA TESI SUL RINASCIMENTO ITALIANO, NON ___________ RIMANE MAI UN MINUTO LIBERO. PER PRIMA COSA VOGLIO DIR_____CHE LA MIA NUOVA CITTÀ ___________ PIACE MOLTO. __________ DESCRIVO IN POCHE PAROLE: NON È NÉ TROPPO GRANDE NÉ TROPPO PICCOLA E HA UN FIUME, L'ARNO, CHE___________TAGLIA IN DUE. QUI PIÙ CHE IN QUALSIASI ALTRA CITTÀ ITALIANA È POSSIBILE VEDERE DEGLI ESEMPI STRAORDINARI DELL'ARTE DEL XV E DEL XVI SECOLO. SONO TANTISSIMI, DALL'ARCHITETTURA ALLA PITTURA, E OGNI GIORNO_____________SCOPRO QUALCUNO CHE NON CONOSCEVO. QUESTO È NORMALE, SE PENSI CHE IN QUESTA CITTÀ HANNO VISSUTO ARTISTI COME MICHELANGELO, RAFFAELLO, PIERO DELLA FRANCESCA, LEONARDO. È ANCHE UN POSTO IDEALE PER STUDIARE L'ITALIANO, PERCHÉ LA LINGUA ITALIANA È NATA QUI (COSÌ ___________ HANNO DETTO).

IO STO BENISSIMO. ABITO IN UN PICCOLO APPARTAMENTO VICINO A PONTE VECCHIO INSIEME A CAROLINA, LA MIA AMICA ITALIANA. LA MATTINA VADO A LEZIONE DI LINGUA IN UNA SCUOLA DEL CENTRO (___________HA CONSIGLIATA CAROLINA PERCHÉ ___________ LAVORA UNA SUA AMICA) E IL POMERIGGIO DI SOLITO VADO AL MUSEO DEGLI UFFIZI O ALLA BIBLIOTECA NAZIONALE A STUDIARE LA PITTURA ITALIANA DEL RINASCIMENTO. LA SERA SPESSO ESCO CON CAROLINA E I SUOI AMICI. IERI PER ESEMPIO, FABIO E PIERO, DUE RAGAZZI CHE STUDIANO ALL'UNIVERSITÀ CON CAROLINA, ___________HANNO INVITATO AD UN CONCERTO DI MUSICA CLASSICA. IN QUESTO PERIODO INFATTI C'È IL MAGGIO MUSICALE, UNA MANIFESTAZIONE MOLTO IMPORTANTE CON GRANDI MUSICISTI CHE VENGONO DA TUTTO IL MONDO. IL CONCERTO ERA IN PIAZZA DELLA SIGNORIA, UNA DELLE PIÙ CARATTERISTICHE DELLA CITTÀ. È STATO BELLISSIMO. IO E CAROLINA NON ABBIAMO PAGATO NEANCHE I BIGLIETTI PERCHÉ ___________ HANNO OFFERTI FABIO E PIERO. ALLA FINE NOI VOLEVAMO OFFRIR_____ALMENO UN GELATO, MA LORO NON ___________ HANNO PERMESSO. GENTILI, NO? IO E CAROLINA ABBIAMO DECISO CHE DOMANI SERA ___________ INVITEREMO A CENA DA NOI.

IMMAGINO CHE VORRAI SAPERE TANTE ALTRE COSE, MA ___________ DIRÒ A VOCE QUANDO VERRAI A TROVAR_____ . INFATTI___________ HAI PROMESSO, RICORDI? IL POSTO NON È UN PROBLEMA, PERCHÉ POTRAI STARE QUI DA CAROLINA. ___________HO GIÀ DETTO E LEI È D'ACCORDO.

__________ ASPETTO.

BRENDA

P.S.: NON HO L'INDIRIZZO DI JOY, ___________POTRESTI DARE? ___________ AVEVA CHIESTO UNA CARTOLINA CON L'IMMAGINE DI PONTE VECCHIO MA NON HO POTUTO MANDAR__________ .

6.2. Rispondi alle domande con i pronomi.

1) La città piace a Brenda?
2) Chi ha consigliato a Brenda la scuola d'italiano? Perché?
3) Perché Brenda e Carolina non hanno pagato i biglietti del concerto?
4) Perché non hanno offerto il gelato a Fabio e Piero?

Altri pronomi combinati

LA PARTICELLA CI + I PRONOMI DIRETTI				
CI	+	*LO* *LA* *LI* *LE*	=	*CE LO* *CE LA* *CE LI* *CE LE*
MI *TI* *(CI)* *VI*	+	*CI*	=	*MI CI* *TI CI* *CI* *VI CI*

• *Quando la particella CI è con i PRONOMI DIRETTI, si mette prima di LO, LA, LI, LE (in questo caso diventa CE) e dopo MI, TI, VI (in questo caso non cambia).*
Chi porta il bambino a dormire? **Ce lo** porta Antonio.
Chi accompagna le ragazze a scuola? **Ce le** accompagna il papà.
Hai messo lo zucchero nel caffè? Sì, **ce l'**ho messo.
Mi porti a casa? Sì, **ti ci** porto subito.
Ci porti a casa? Sì, **vi ci** porto subito

ATTENZIONE!
Chi vi porta a casa? **Ci** porta Paolo *(e non: ci ci porta Paolo).*

LA PARTICELLA NE + I PRONOMI INDIRETTI				
MI *TI* *CI* *VI*	+	*NE*	=	*ME NE* *TE NE* *CE NE* *VE NE*
GLI *LE* *GLI (a loro)*	+	*NE*	=	*GLIENE*

• *Quando è insieme ai pronomi indiretti, la particella NE va sempre dopo.*
Quante carte mi dai? **Te ne** do cinque.
Quanti soldi hai chiesto a Paolo? **Gliene** ho chiesti pochi.
Quanti soldi hai chiesto ai tuoi genitori? **Gliene** ho chiesti pochi.

LA PARTICELLA CI + LA PARTICELLA NE
CI + *NE* = *CE NE*

• *La particella CI + la particella NE formano il pronome combinato CE NE.*
Quanti cucchiaini di zucchero hai messo nel caffé? **Ce ne** ho messi due

IL PRONOME RIFLESSIVO SI + I PRONOMI DIRETTI				
SI	+	*LO*	=	*SE LO*
		LA		*SE LA*
		LI		*SE LI*
		LE		*SE LE*

• *Il pronome riflessivo SI + i pronomi diretti LO, LA, LI, LE*
forma i pronomi combinati SE LO, SE LA, SE LI, SE LE.
Di chi è questo ombrello? È di Alberto: **se lo** dimentica sempre.
Paola si mette sempre la gonna, Tina invece non **se la** mette mai.

ESERCIZI

1. Scegli l'espressione giusta.

Ieri sera mi ha accompagnato a casa Claudio.
a) Ieri sera me l'ha accompagnato Claudio.
b) Ieri sera mi ci ha accompagnato Claudio.
c) Ieri sera ci mi ha accompagnato Claudio.

1) Ieri sera ci ha accompagnato a casa Claudio.
a) Ieri sera ce ne ha accompagnato Claudio.
b) Ieri sera ci ci ha accompagnato Claudio.
c) Ieri sera ci ha accompagnato Claudio.

2) Quando posso trovare Paolo in ufficio?
a) Quando ce lo posso trovare?
b) Quando lo ci posso trovare?
c) Quando ci posso trovare?

3) Hai portato i bambini dalla nonna?
a) Li ci hai portati?
b) Gli ci hai portati?
c) Ce li hai portati?

4) Come ti trovi qui a Roma?
a) Come ci ti trovi?
b) Come te la trovi?
c) Come ti ci trovi?

5) Nel frigorifero sono rimasti solo due pomodori.
a) Ce ne sono rimasti solo due.
b) Gliene sono rimasti solo due.
c) Ci sono rimasti ne solo due.

6) Ti posso chiedere una sigaretta?
a) Ne la posso chiedere una?
b) Te ne posso chiedere una?
c) Te la posso chiederne una?

7) Ho presentato tanti ragazzi a Rita.
a) Glieli ho presentati tanti.
b) Ne gli ho presentati tanti.
c) Gliene ho presentati tanti.

8) Giulia mi ha raccontato due barzellette.
a) Giulia mi ha raccontato ne due.
b) Giulia mene ha raccontate due.
c) Giulia me ne ha raccontate due.

9) Lei si lava i capelli con uno shampoo alle erbe.
a) Lei se ne lava con uno shampoo alle erbe.
b) Lei se li lava con uno shampoo alle erbe.
c) Lei ne si lava con uno shampoo alle erbe.

2. Riscrivi le frasi con i pronomi combinati.

Di solito non faccio molti regali alla mia fidanzata. Di solito non **gliene** faccio molti.

1) Tutte le domeniche compro tre rose a mia moglie.
2) Ada accompagna i bambini a scuola ogni mattina.
3) Se hai freddo, posso darti un'altra coperta.
4) Va bene, ti porto a casa con la mia Vespa.
5) Di solito metto poco olio nell'insalata.
6) Non metto mai lo zucchero nel caffè.
7) Va bene, signor direttore, Le porto subito quel documento.
8) Prima di mangiare Mario si lava sempre le mani.

3. Completa le risposte.

1) Quanti biglietti devo comprarvi? — Devi comprar_____ cinque.
2) Quando ci accompagni dal medico? — ______________________ martedì.
3) Mi porti al cinema, stasera? — Va bene, __________ porto.
4) Chi ti ha mandato da me? — __________ ha mandato mio padre.
5) Quanti soldi ti sono rimasti? — __________ sono rimast___ pochi.
6) Quanti bicchieri ci sono sul tavolo? — a) __________ sono quattro.
b) Non __________ è nessuno.
7) Quante camicie hai messo nella valigia? — a) __________ ho mess___ tutte.
b) __________ ho mess___ solo una.
c) Non __________ ho mess___ nessuna.

4. In queste frasi ci sono 5 errori. Trovali e correggili.

1) Questi orecchini sono nuovi, me li ha regalati il mio ragazzo.
2) Il signor Grillo? Glielo passo subito.
3) Ci hanno detto che hai una nuova ragazza. Quando ce la presenti?
4) Non ho finito gli esami, me li mancano ancora due.
5) Queste parole non si dicono! Chi te le ha insegnate?
6) Giulia voleva sapere dov'eri e io gliel'ho detto. Ho fatto male?
7) Avevo il treno alle quattro, ma sono arrivato tardi e me l'ho perso.
8) Nella pasta manca il sale. Ce l'hai messo?
9) A Carlo non piace vivere a Roma, io invece ci mi trovo benissimo.
10) Belle queste cravatte, me ne presti una?
11) Quando Marco è sceso dall'autobus non aveva più il portafoglio. Non è la prima volta che glielo rubano.
12) Mi dispiace, quel vestito non è mio, non posso dartelo.
13) Luigi le aveva chiesto un favore ma lei non l'ha voluto farglielo.
14) Non trovo più i calzini. Dove ce li hai messi?
15) Bisogna portare la macchina dal meccanico. Ce la porti tu?

5. Completa il dialogo.

Casa in affitto.

- Sai che finalmente ho trovato casa?
- Congratulazioni! Quando ________ fai vedere?
- Se vuoi ________ porto anche subito. ________ va?
- Veramente adesso non posso. Alle cinque devo andare a riprendere i bambini a scuola. Sai, mio marito ________ accompagna tutte le mattine...
- Ho capito. È lontana la scuola?
- A piedi sono venti minuti. Però ho un'idea: se ________ accompagni con la tua macchina, prendiamo i bambini, ________ portiamo da mia suocera e dopo siamo libere di andare a casa tua. A proposito, dov'è?
- Sta nella zona di via Gregorio VII, vicino all'ufficio.
- ________ hai trovat _____ attraverso un'agenzia immobiliare?
- No, ________ ha trovat_____ un amico. All'inizio ________ ero rivolta a un'agenzia, ma di tutte le case che ________ hanno fatto vedere non ________ piaceva neanche una. E inoltre chiedevano un sacco di soldi, ero disperata. Poi ________ è capitat _____ quest'occasione: ________ ricordi di Attilio, quel mio amico dell'università che adesso fa il giornalista?
- Sì, certo.
- Beh, questo Attilio ha una sorella che lavora per un'organizzazione internazionale che ________ occupa di diritti umani.
- E allora?
- Il mese scorso quest'organizzazione ha aperto un nuovo ufficio in Mozambico e lei è andata a diriger_____. E siccome dovrà star_____ almeno tre anni, ha pensato di affittare il suo appartamento qui a Roma ad una persona fidata.
- E questa persona saresti tu. Esatto?
- Esatto.
- ________ abiti già?
- Sì, ________ sono andata una settimana fa.
- E come ________ trovi?
- Benissimo. La zona è tranquilla, immersa nel verde. E la casa è molto grande, anche troppo per me. È un attico. Ha un soggiorno abbastanza ampio, due camere da letto e una cucina.
- E il bagno?
- ________ sono due: uno vicino alla cucina e un altro più piccolo in una delle due camere. Poi naturalmente ________ è il terrazzo, da dove puoi vedere un bellissimo panorama.
- Quanto paghi d'affitto?
- Lei ________ aveva chiesto un milione e tre al mese, io ________ ho offert _____ novecentomila. Alla fine ________ ha dat _____ per un milione. È un buon prezzo, no?
- Sì, non è molto cara.
- Inoltre ha il riscaldamento autonomo ed è completamente arredata.
- Beh, sei stata proprio fortunata.

L'imperativo e i pronomi

1. L'IMPERATIVO DIRETTO (TU, NOI, VOI)

(TU) Prendi il caffè!	PRENDILO!
(NOI) Prendiamo il caffè!	PRENDIAMOLO!
(VOI) Prendete il caffè!	PRENDETELO!

• *Con l'imperativo diretto (tu, noi, voi) il pronome si mette sempre dopo il verbo.*
Mangia la mela! Mangia**la**!
Chiudi il libro! Chiudi**lo**!
Passa a me il sale! Passa**melo**!
Chiamiamo Giovanni! Chiamiamo**lo**!
Aprite la porta! Aprite**la**!
Lavate i piatti! Lavate**li**!
Comprate il vestito a Paolo! Comprate**glielo**!
Porta i bambini a casa! Porta**celi**!
Prendi una sigaretta! Prendi**ne** una!

• *La II persona di alcuni verbi irregolari, quando c'è un pronome, raddoppia la consonante finale.*

ANDARE: Va' a casa! Vacci!
DARE: Da' a me una sigaretta! Dammi una sigaretta!
Da' a me quel libro! Dammelo!
DIRE: Di' a me cosa è successo! Dimmi cosa è successo!
FARE: Fa' i compiti! Falli!
Fa' a noi un favore! Facci un favore!
STARE: Sta' a sentire tuo padre! Stallo a sentire!

2. L'IMPERATIVO DIRETTO NEGATIVO

(TU) Non prendere il caffè!	NON LO PRENDERE! / NON PRENDERLO!
(NOI) Non prendiamo il caffè!	NON LO PRENDIAMO! / NON PRENDIAMOLO!
(VOI) Non prendete il caffè!	NON LO PRENDETE! / NON PRENDETELO!

• *TU: per fare l'imperativo negativo si usa NON + l'infinito del verbo. In questo caso il pronome può andare prima o dopo l'infinito.*
Non mangiare la cioccolata! Non **la** mangiare!/Non mangiar**la**!
Non dire questa cosa a tua madre! Non **gliela** dire!/Non dir**gliela**!
Non andare a casa! Non **ci** andare!/Non andar**ci**!

• *NOI e VOI: per fare l'imperativo negativo si usa l'indicativo presente. Anche in questo caso il pronome può andare prima o dopo il verbo.*
Non prendiamo la macchina! Non **la** prendiamo!/Non prendiamo**la**!
Non fate questa strada! Non **la** fate!/Non fate**la**!
Non date questo disco a Mario! Non **glielo** date!/Non date**glielo**!

3. L'IMPERATIVO CON LA FORMA DI CORTESIA (LEI, LORO)

(LEI) Prenda il caffè! LO PRENDA!
(LORO) Prendano il caffè! LO PRENDANO!*

• *Per fare l'imperativo con la forma di cortesia (LEI, LORO) si usa il congiuntivo presente. In questo caso il pronome va sempre prima del verbo.*
Usi il treno! **Lo** usi!
Chiuda la porta! **La** chiuda!
Porti questi fiori a Sua moglie! **Glieli** porti!
Vada a casa! **Ci** vada!
Controlli questi documenti! **Li** controlli!

**La forma LORO è di solito sostituita dalla forma VOI.*
(Leggano questo articolo! **Lo** leggano!) = Leggete questo articolo! Leggete**lo**!

4. L'IMPERATIVO NEGATIVO CON LA FORMA DI CORTESIA

(LEI) Non prenda il caffè! NON LO PRENDA!
(LORO) Non prendano il caffè! NON LO PRENDANO!*

• *Per fare l'imperativo negativo con la forma di cortesia si usa NON + il congiuntivo presente. In questo caso il pronome va sempre prima del verbo.*
Non faccia questa strada! Non **la** faccia!
Non ascolti quei consigli! Non **li** ascolti!

**La forma LORO è di solito sostituita dalla forma VOI.*
(Non vadano in quel ristorante! Non **ci** vadano!) = Non andate in quel ristorante!
Non **ci** andate!

ESERCIZI

1. Collega le frasi.

1) Volete questa macchina?	a) Lo prenda!
2) Vuoi questa collana?	b) Prendile!
3) Lei vuole questo orologio?	c) Li prenda!
4) Volete questo libro?	d) Prendetele!
5) Vuoi queste scarpe?	e) Prendetelo!
6) Vuoi questi dischi?	f) Prendili!
7) Lei vuole questi giornali?	**g) Prendetela!**
8) Volete queste riviste?	h) Prendilo!
9) Lei vuole queste cravatte?	i) Le prenda!
10) Vuoi questo dolce?	l) Prendila!

2. Collega le frasi.

1) Devi dare le chiavi a Lucia?	a) Glielo dia!
2) Deve dare l'assegno a Giacomo?	b) Daglielo!
3) Mi dovete dare un regalo?	c) Dategliele!
4) Devi dare il vino a Franco?	d) Me le dia!
5) Devono dare l'assegno al signor Merlo?	e) Dacceli!
6) Dovete dare le chiavi ai ragazzi?	f) Daccelo!
7) Mi devi dare i soldi?	g) Diamogliela!
8) Ci devi dare lo stipendio?	h) Datecele!
9) Ci deve dare i risultati?	i) Me li dia!
10) Devi dare i libri a Carla?	**l) Dagliele!**
11) Mi deve dare le chiavi?	m) Dammeli!
12) Mi deve dare i soldi?	n) Ce li dia!
13) Ci devi dare i soldi?	o) Datemelo!
14) Dobbiamo dare il regalo a mamma?	p) Daglieli!
15) Ci dovete dare le valigie?	q) Diamoglielo!
16) Dobbiamo dare la casa ai signori Neri?	r) Glielo diano!

3. Completa le frasi con l'imperativo diretto e i pronomi.

Se vuoi mangiare il pesce, (mangiare) **mangialo**!

1) Se vuoi leggere questo libro, (leggere) ____________________ !
2) Se vuoi telefonare a Carla, (telefonare) ____________________ !
3) Se volete comprare quella casa, (comprare) ____________________ !
4) Se dobbiamo prendere l'autobus, (prendere) ____________________ !
5) Se vuoi chiedere la macchina a Pietro, (chiedere) ____________________ !
6) Se volete sentire il concerto di Rossini, (sentire) ____________________ !
7) Se vuoi lasciare le chiavi di casa a Giulio, (lasciare) ____________________ !
8) Se devi preparare la cena a tuo marito, (preparare) ____________________ !
9) Se volete mettere le scarpe nella scatola, (mettere) ____________________ !
10) Se dobbiamo vedere gli zii, (vedere) ____________________ !
11) Se puoi prestarmi i soldi dell'affitto, (prestare) ____________________ !
12) Se devi portare Sandra alla stazione, (portare) ____________________ !

4. Completa le frasi con l'imperativo diretto e i pronomi. Attenzione al raddoppiamento!

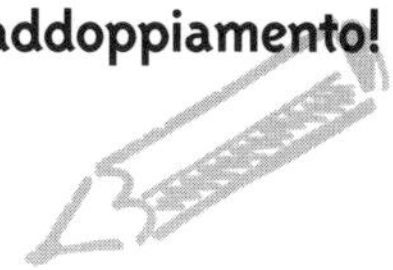

Se devi fare la pasta, (fare) **falla**!

1) Se vuoi andare a Milano, (andare) ____________________ !
2) Se devi darmi il regalo, (dare) ____________________ !
3) Se dovete fare gli esercizi, (fare) ____________________ !
4) Se devi fare la spesa, (fare) ____________________ !
5) Se vuoi dire la verità a Giuliana, (dire) ____________________ !
6) Se vuoi stare a letto, (stare) ____________________ !
7) Se dovete andare dal medico, (andare) ____________________ !
8) Se dobbiamo dare la medicina a Marco, (dare) ____________________ !
9) Se ci vuoi dare un aiuto, (dare) ____________________ !
10) Se ci vuoi fare un favore, (fare) ____________________ !
11) Se vuoi dire la tua opinione, (dire) ____________________ !
12) Se vuoi dirmi la tua opinione, (dire) ____________________ !

5. Metti all'imperativo negativo le frasi dell'esercizio n. 3.

Se vuoi leggere questo libro, (leggere) leggilo! Se non vuoi leggere questo libro, **non lo leggere!/non leggerlo**!

6. Metti all'imperativo negativo le frasi dell'esercizio n. 4.

Se vuoi andare a Milano, (andare) vacci! Se non vuoi andare a Milano, **non ci andare!/non andarci**!

7. Completa le frasi con l'imperativo della forma di cortesia e i pronomi.

Se vuole assaggiare questo vino, (assaggiare) **lo assaggi**!

1) Se vuole aspettare Suo marito, (aspettare) ____________________ !
2) Se deve fare la doccia, (fare) ____________________ !
3) Se vuole darmi la giacca, (dare) ____________________ !
4) Se deve andare in ufficio, (andare) ____________________ !
5) Se vuole fare un discorso agli invitati, (fare) ____________________ !
6) Se vogliono salutare il direttore, (salutare) ____________________ !
7) Se vuole dirmi la Sua idea, (dire) ____________________ !
8) Se deve stare a letto, (stare) ____________________ !
9) Se devono comprare i biglietti, (comprare) ____________________ !
10) Se vuole darci un consiglio, (dare) ____________________ !

8. Metti all'imperativo negativo le frasi dell'esercizio n. 7.

Se vuole aspettare Suo marito, (aspettare) lo aspetti! Se non vuole aspettare Suo marito, **non lo aspetti**!

9. **Completa la tabella con l'imperativo e i pronomi.**

ALCUNI CONSIGLI PER VIVERE BENE.			
Per stare bene, IO:	**Anche TU, se vuoi stare bene:**	**Anche VOI, se volete stare bene:**	**Anche LEI, se vuole stare bene:**
1) mangio la frutta tutti i giorni.	MANGIALA TUTTI I GIORNI!	MANGIATELA TUTTI I GIORNI!	LA MANGI TUTTI I GIORNI!
2) bevo poco vino.	________ poco!	________ poco!	________ poco!
3) non prendo le medicine.	________ !	________ !	________ !
4) non vado a letto tardi.	non ________ tardi!	non ________ tardi!	non ________ tardi!
5) vado in ufficio a piedi.	________ a piedi!	________ a piedi!	________ a piedi!
6) non uso la macchina.	non ________ !	non ________ !	non ________ !
7) faccio molto sport.	________ molto!	________ molto!	________ molto!
8) risolvo i problemi con calma.	________ con calma!	________ con calma!	________ con calma!
9) non mi arrabbio.	non ________ !	non ________ !	non ________ !

10.1. Scegli l'espressione giusta.

Al ristorante.

Lei: - Guarda, amore: sta arrivando il cameriere. **Lo chiami/Chiamalo/Chiama lui** per favore e **gli chiedi/chiedigli/chiedergli** se possiamo ordinare. È un'ora che aspettiamo.
Lui: - Subito, tesoro... Cameriere? **Vengaci/Ce lo venga/Ci venga** a servire, per favore.
Cameriere: - Buonasera, signori. **Mi scusi/Mi scusate/Scusatemi** se vi ho fatto aspettare, ma stasera c'è molta gente. Che cosa prendete?
Lui: - Per prima cosa **ci porti/portaci/la porti** una bottiglia di champagne.
Cameriere: - Festeggiate qualcosa?
Lui: - Sì, oggi è un mese che siamo sposati.
Cameriere: Auguri, allora!
Lui: Grazie. **Ci porti/Portacila/Ce la porti** fresca, eh?
Cameriere: **Non si preoccupi/Non la preoccupi/Non preoccuparsi**, le nostre bottiglie sono sempre fresche. Per primo cosa desiderate?
Lui: - Non lo so, non abbiamo ancora deciso. **Mi dai/Mi dia/Dammelo** il menu, per favore.
Cameriere: - Ecco, tenga.
Lui: "Tagliatelle ai funghi porcini"... Devono essere buone. Io prendo queste. E tu, tesoro?
Lei: Quello che prendi tu va bene anche per me, amore mio.
Lui: Allora **ci porti/portacele/ce ne porti** due. Per secondo invece cosa avete?
Cameriere: Abbiamo piatti di carne e di pesce. Personalmente **vi consiglio/consigliovi /consigliatevi** il merluzzo con porri e patate. **Lo provate/Provilo/Provatelo**: è la nostra specialità.
Lui: - Che cosa dici, tesoro: **lo proviamo/proviamolo/ce lo proviamo**?
Lei: - Come vuoi tu, amore mio.
Lui: - No, dai: **dimmelo/me lo dici/ dicimelo** tu. Io da solo non so decidere.
Lei: - E va bene: allora **ci facciamone/facciamo ce ne/facciamocene** portare solo un piatto e ordiniamo qualcos'altro. **Mi dai/Mi dia/Dammi** il menu, per favore?
Lui: - Tieni, tesoro.
Lei: - Grazie, amore... Sai cosa vorrei?
Lui: - No, cosa?
Lei: - Un'aragosta.
Lui: - Va bene: **prendila/prendimela/la prendi.**
Lei: - Aspetta... Mamma mia, guarda quanto costa!
Lui: - **Non ti preoccupi/Non si preoccupi/Non preoccuparti** per il prezzo, tesoro: **me l'offro/offriti/te l'offro** io.
Lei: - Grazie, sei un amore.
Lui: - Prego, lo sai che **lo ami/amalo/ti amo.**
Cameriere: - Allora, **la prendete/prendetela/la prenderla**?
Lui: - Sì, **prendiamola/ve la prendiamo/la prendiamo**.
Cameriere: - D'accordo. Da bere vino o acqua?
Lui: - Direi vino bianco. Va bene, tesoro?
Lei: - No, per me **non prendilo/non prenderlo/non lo prendi**. C'è già lo champagne. Lo sai che non bevo molto. Preferisco l'acqua.
Lui: - Allora **non berlo/non lo bere/non lo bevo** neanch'io.
Cameriere: - **Non ve lo porto/non portarvelo/non portavelo**?
Lui: - No, **non portarcelo/non portacelo/non ce lo porti**. Al posto del vino **ce ne porti/ci porti/portacene** una bottiglia d'acqua naturale.
Cameriere: - È tutto?
Lui: - Sì, per adesso è tutto, grazie. **Non ci fare/Non ci faccia/Non facci** aspettare molto, eh?
Cameriere: - No, no... Torno subito, state tranquilli.

10.2. Completa il dialogo con i verbi e i pronomi.

Dieci anni dopo, nello stesso ristorante...

Lei: - Ecco il cameriere. (Chiamare) ____________________ e (chiedere) ____________________ se possiamo ordinare. È un'ora che aspettiamo!
Lui: - Non sai parlare? (Chiedere) ____________________ tu!
Lei: - Vai al diavolo!
Lui: - (Andare) ____________________ tu!
Lei: - Cameriere! (Venire) ____________________ a servire, per favore!
Cameriere: - Buonasera, signori. Che cosa prendete?
Lui: - Io prendo un piatto di lasagne.
Cameriere: - E Lei, signora?
Lei: - Non lo so, non ho ancora deciso.
Lui: - Allora (sbrigarsi) ____________________. Io ho fame.
Lei: - Sta' zitto e (dare) ____________________ il menu!
Lui: - Non (permettere) ____________________ di parlarmi in questo modo!
Lei: - Io dico quello che voglio. Hai capito?
Cameriere: - Vi prego... Signori... (Calmarsi) ____________________ !
Lui: - Lei non (intromettersi) ____________________. Non sono affari Suoi.
Lei: - Guardi, ho deciso: prendo un piatto di tortellini in brodo...
Cameriere: - D'accordo. E per secondo?
Lei: - Ma, non so... (Consigliare) ____________________ Lei.
Cameriere: - Beh, se devo darvi un consiglio, vi suggerisco il merluzzo con porri e patate: è la nostra specialità.
Lui: - Va bene, io prendo il merluzzo. (Portare) ____________________ un bel piatto.
Lei: - Io invece credo che prenderò un'aragosta.
Lui: - Cosa? Sei impazzita? (Fare) ____________________ vedere il menu.
Lei: - Perché?
Lui: - Voglio controllare quanto costa.
Lei: - Non (preoccuparsi) ____________________ , ognuno paga la sua parte.
Lui: - Se è così, va bene: (prendere) ____________________ pure.
Lei: - Grazie, sei molto gentile.
Lui: - Stupida...
Lei: - (Dire) ____________________ un'altra volta e ti ammazzo!
Lui: - Guarda, non (fare) ____________________ mica paura, sai...
Cameriere: - Scusate, signori... Da bere prendete qualcosa?
Lui: - Sì, vino rosso.
Lei: - Vino bianco.
Cameriere: - Allora: rosso o bianco?
Lui: - (Portare) ____________________ mezzo litro rosso e mezzo litro bianco. E per favore: conti separati!

10.3. Completa con l'imperativo e i pronomi.

AL RISTORANTE	TU	NOI	VOI	LEI
Chiedere al cameriere l'aragosta.	CHIEDIGLIELA!	CHIEDIAMOGLIELA!	CHIEDETEGLIELA!	GLIELA CHIEDA!
Chiamare il cameriere.	___	___	___	___
Portare una bottiglia di champagne a noi.	___	___ /___	___	___
Non preoccuparsi.	___	___	___	___
Dare il menu a me.	___	___ /___	___	___
Portare due piatti di tagliatelle.	___	___	___	___
Non portare il vino a noi.	___	___ /___	___	___
Andare al diavolo.	___	___ /___	___	___
Fai vedere il menu a me.	___	___ /___	___	___
Non prendere l'aragosta.	___	___	___	___

ESERCIZI DI RICAPITOLAZIONE

(la particella ci, la particella ne, i pronomi combinati, altri pronomi combinati, l'imperativo e i pronomi)

1.1. Scegli l'espressione giusta.

La torta.

Ieri mia madre **GLI/LA/SI** è arrabbiata moltissimo. Infatti come ogni domenica aveva preparato la torta di mele per me e mia sorella. Siccome mia sorella era uscita con un'amica, mia madre **MI/GLI/L'** aveva detto di non mangiar**NE/LA/SI** tutta e di lasciar**LA/LE/NE** un po' anche a lei. Ma io non **L'/LE/NE** ho ascoltata: ho preso la torta e **NE/L'/MI** ho finita tutta da solo. Più tardi mia sorella è ritornata a casa e mia madre **GLI/LE/L'** ha chiesto se **CI/LE/NE** voleva un po'; però quando ha visto che non **NE/LO/LA** era rimasta neanche una fetta è venuta in camera mia e **LI/L'/MI** ha detto: "**TI/MI/VI** avevo pregato di lasciare un po' di torta anche a tua sorella, ma tu non **LO/LA/MI** hai voluto ascoltare. Sei un egoista. Questa è l'ultima volta che **LA/TI/MI** faccio la torta di mele."
Allora io **LE/GLI/LEI** ho risposto: "Hai ragione, mamma, basta con la torta di mele. La prossima volta **LA/MI/ME** farai una torta al cioccolato!" A mia madre questa risposta non è piaciuta e forse è per questo che dopo **GLI/L'/MI** ha dato un sacco di schiaffi.

1.2. Rispondi alle domande.

1) Che cosa aveva detto la madre al ragazzo dopo aver preparato la torta?
2) Che cosa ha chiesto alla sorella?
3) Quanta torta era rimasta?

1.3. Completa le frasi.

1) Mia madre mi aveva detto di non mangiar____ tutta e di lasciar____ un po' anche a lei.
2) Ma io non _____ ho ascoltat___: ho preso la torta e _____ ho finit ___ tutta da solo.
3) Più tardi mia sorella è ritornata a casa e mia madre ________ ha chiest ____ se ________ voleva un po'. Però quando ha visto che non ________ era rimast____ neanche una fetta è venuta in camera mia.
4) Ti avevo pregato di non mangiar____ tutta, ma tu non ________ hai voluto ascoltare.

2. Scegli l'espressione giusta.

Dal medico.

- Allora, signor De Giuli, qual è il suo problema?
- Vede dottore, da un po' di tempo **LO/MI/NE** dimentico tutto. La mia vita è un inferno: quando esco di casa non prendo mai le chiavi, quando faccio il caffè, **CI/MI/LO** lascio sul fuoco per delle ore; se ho un appuntamento importante non **LA/CI/LO** vado o arrivo in ritardo; e poi gli occhiali... **LI/MI/GLI** perdo continuamente e ogni mese **MI/LI/NE** devo ricomprare un nuovo paio. L'ultima cosa **MI/SI/GLI** è successa questa mattina: ho spedito una lettera ma non **L'/GLI/CI** ho messo il francobollo. È grave, dottore?
- Ma no, non è grave: vedrà che arriverà lo stesso!

3. Ricomponi le frasi.

4. Completa il testo con i pronomi della lista.

mi - ti - l' - li - li - glieli - me li - te li - te ne - te ne

Libri.

Marco, che aveva bisogno di alcuni libri, ha pensato di chieder_____ a Paolo, un suo amico. Paolo ___________ ha prestati volentieri, ma qualche settimana dopo...
- Ciao, Marco. Allora, ___________ hai riportato i libri che ___________ avevo prestato?
- Sì, ___________ ho riportati. Ecco_____.
- ___________ hai riportati tutti?
- No, ___________ ho riportati solo due.
- Ma io ___________ avevo prestati tre!
- È vero, ma l'altro ___________ ho perso!

5.1. Completa il dialogo e poi cerca di capire chi è il personaggio intervistato.

Chi è?

- Buongiorno, maestro. ________ posso chiamare così, vero?
- ________ può chiamare come vuole. Dovrò rispondere a molte domande?
- No, è solo una piccola intervista. Allora, cominciamo: che cosa dice a quelli che ________ definiscono un "genio del cinema"?
- Ma... Cosa devo dire... Per me il cinema è sempre stato come un gioco... Un bellissimo gioco.
- Però questo gioco, come ________ chiama Lei, ________ ha dato tante soddisfazioni, tanti premi in tutto il mondo...
- Sì, ________ ho ricevuti tanti, troppi forse.
- Non faccia il modesto. Che cosa sarebbe il cinema senza i Suoi film? Prendiamo "Otto e mezzo", per esempio: un vero capolavoro.
- Diciamo che è un buon film.
- A proposito, perché ________ ha chiamat ___ così?
- Beh, è semplice: quando ________ ho fatt ___ avevo diretto già nove film: ma non ________ avevo dirett ___ tutti da solo. Infatti il primo ________ avevo realizzato insieme a un altro regista. Così, in realtà, non ________ avevo fatt ___ nove ma otto e mezzo! Ecco perché ________ chiama così.
- Ho capito. Senta maestro, qual è tra i suoi film quello che ________ piace di più?
- Ma... Per me i miei film sono come dei figli: ________ amo tutti nello stesso modo. "I vitelloni", "La strada", "Amarcord", "La città delle donne"... Non saprei dire qual è il più bello.
- Non ha nominato il suo film più famoso.
- Sì, so di quale film sta parlando. Beh, quello non ha bisogno di essere ricordato. ________ conoscono tutti.
- È vero. È uno dei film più famosi della storia del cinema. ________ sono delle scene indimenticabili: il bagno nella Fontana di Trevi di Anita Ekberg e di Marcello Mastroianni, per esempio. E poi via Veneto, la vita notturna di Roma negli anni sessanta, i "paparazzi"... Non è solo un film, è il simbolo di un'epoca.
- Ricordo che quando il film uscì non tutti ________ capirono. All'inizio ________ fu un grande scandalo, perché conteneva delle scene troppo "osé" per quei tempi.
- Senta maestro, ________ vuole parlare adesso dei suoi progetti? A cosa sta lavorando?
- Ma come... Non ________ sa? Io adesso non ________ sono più. Sono morto nel 1994!
- Morto? Ma cosa dice, maestro... Lei non può essere morto. I grandi artisti non muoiono mai!

5.2. Hai capito chi è il personaggio? Nell'intervista si parla del suo film più famoso, ma non si dice il titolo. Sai dire qual è?

6.1. Scegli l'espressione giusta.

La corona del topo Re.

Il vecchio Topo Re era famoso in tutto il bosco per la sua bella corona di pietre preziose. Il Topo Re era molto orgoglioso di aver**NE/GLI/LA/GLIELA** e non **SI/SE LA/GLIELA/NE LA** toglieva mai, nemmeno quando andava a dormire. Ogni sera **LI/GLI/SE LI/SI** lavava i denti, **SE LA/SI/LA/GLIELA** metteva la camicia da notte e **LO/SE LO/SI/CI SI** infilava nel suo morbido letto di Topo Re. Prima di spegnere la luce accarezzava la sua bella corona e finalmente **LUI/SE NE/L'/SI** addormentava felice. Ma una notte un ladro molto silenzioso entrò nella sua stanza. Con mano leggera **GLI/GIELA/SI/LA** tolse la corona dalla testa e fuggì via.
- Maestà, - **A LUI/LE/LO/GLI** domandò al mattino il fedele Topo Maggiordomo - dove hai messo la tua corona?
- In testa, - rispose il Topo Re - sai bene che non **CE LA/MI/ME LA/SE LA** tolgo mai.
Così dicendo il Topo Re fece una veloce carezza alla corona... che non c'era più.
- Sono così abituato a **TOCCARLA/TOCCARCELA/LA TOCCARE/ME LA TOCCARE**, - disse il Topo Re - che non **CI/CE LA/LA/MI** sento nemmeno sotto le dita.
Il Topo Maggiordomo andò a consigliarsi con la Regina dei Topi.
- **DICIAMOGLIELO/DICIAMOGLI/LO DICIAMO/GLIELO DICIAMO** o no? La notizia potrebbe **ESSERGLI/ESSERCI/ESSERLA/ESSERSI** fatale, potrebbe ammalarsi, potrebbe morire di dispiacere. È vecchio ormai...
- Non **GLIELO DICIAMO/DICIAMOGLI/GLI DICIAMO/DICIAMOLO**. - disse la Regina dei Topi - In questa casa non ci sono specchi. Il Topo Re non saprà mai di non avere più la preziosa corona sulla sua testa.
Fecero così la Regina dei Topi e il fedele Topo Maggiordomo. E ancora adesso, dopo tanto tempo, il Topo Re non sa di non avere più sulla testa la sua bella corona di pietre preziose. Soltanto la sera, qualche volta, dopo **ESSERSI/ESSERGLI/ESSERLI/ESSERSELI** lavati i denti e messa la lunga camicia da notte, il Topo Re dice, accarezzando dolcemente la corona che non c'è:
- Com'è diventata leggera. Non **CI/LA/TE LA/TI** sento quasi più. Anzi, non **TI/CI/NE/LA** sento per niente... Come se non ci fosse!
(di Roberta Grazzani, da "Avvenire")

6.2. Riscrivi le frasi usando i pronomi o le particelle CI e NE.

Il Topo Re non si toglieva mai la sua bella corona. Il Topo Re non **se la** toglieva mai.

1) Prima di spegnere la luce accarezzava la sua bella corona.
2) Ma una notte un ladro molto silenzioso tolse al Topo Re la corona.
3) Maestà, dove hai messo la tua corona? - domandò al Topo Re il fedele Topo Maggiordomo.
4) In testa, sai bene che non mi tolgo mai la corona. - rispose il Topo Re al fedele Topo Maggiordomo.
5) Cosa facciamo? Diciamo al Topo Re che la corona non c'è più? - domandò il fedele Topo Maggiordomo.
6) No, non diciamo al Topo re che la corona non c'è più. - disse la Regina dei Topi.
7) Il Topo Re non saprà mai di non avere più sulla sua testa la corona.

6.3. Completa la tabella con l'imperativo e i pronomi.

	TU	NOI	VOI	LEI
Accarezzare la corona.	ACCAREZZALA!	ACCAREZZIAMOLA!	ACCAREZZATELA!	L'ACCAREZZI!
Non togliersi la corona.	___	___	___	___
Mettersi la camicia da notte.	___	___	___	___
Infilarsi nel morbido letto.	___	___	___	___
Togliere la corona al Re.	___	___	___	___
Non dire al Re che la corona non c'è più.	___	___	___	___
Dire a me cosa è successo.	___	___ / ___	___	___
Dare la corona a me.	___	___ / ___	___	___

7.1. Completa il dialogo.

In banca.

Cliente: - Buongiorno.
Cassiere: - Buongiorno. __________ dica, cosa desidera?
Cliente: - Vorrei ritirare cento milioni.
Cassiere: - Lei ha un conto presso la nostra banca?
Cliente: - No, ma ho una pistola nella tasca. Va bene lo stesso?
Cassiere: - Scherza?
Cliente: - __________ creda, non sto scherzando. Ho davvero una pistola.
Cassiere: - Allora __________ faccia vedere, per favore.
Cliente: - Ecco_____. __________ crede, adesso?
Cassiere: - Sì, va bene. __________ scusi se __________ ho chiesto, ma questa è la regola. C'è sempre qualcuno che cerca di imbrogliare e che pretende di fare una rapina senza una regolare pistola.
Cliente: - Capisco. Adesso __________ dia i soldi, per favore.
Cassiere: - Quanti __________ vuole?
Cliente: - __________ ho detto: cento milioni.
Cassiere: - __________ vuole in contanti o preferisce un assegno?
Cliente: - Niente assegni. __________ dia tutti in contanti. E __________ sbrighi, se non vuole che __________ spari.
Cassiere: - No, non __________ spari! Adesso __________ prendo subito. __________ do duecento, va bene?
Cliente: - Va bene, ma faccia presto.
Cassiere: - Certo, faccio in un momento, prima però dovrebbe mettere una firma qui.

Cliente: - Lei è pazzo. Io qui non metto nessuna firma.
Cassiere: - ___________ metta, per favore. Altrimenti non posso dar____ i soldi.
Cliente: - Vada a prender____ subito. ___________ vada subito o ___________ sparo!
Cassiere: - Non ___________ faccia, ___________ prego. Sia ragionevole. ___________ calmi un attimo e poi firmi qui.

Secondo cliente: - Ma insomma, che cosa succede? È un'ora che aspetto! ___________ volete sbrigare?
Cliente: - Sto facendo una rapina. Ho una regolare pistola ma il cassiere non vuole dar____ i soldi.
Secondo cliente (al cassiere): - Ehi, Lei! Che cosa aspetta? ___________ dia! Non vede che ha una pistola?
Cassiere: - Il problema non è la pistola, ma la firma. Se il signore non firma, non posso dar ___________.
Secondo cliente: - E allora non ___________ dia! E Lei, signore, ___________ spari e ___________ prenda i soldi. Ma fate qualcosa, muovete ____ ! Non possiamo stare qui tutto il giorno!

7.2. Trasforma il dialogo precedente dal LEI al TU.

Cliente: - Buongiorno.
Cassiere: - Buongiorno. Dimmi, cosa desideri?
Cliente: - Vorrei ritirare cento...

7.3. Se nella banca arrivasse la polizia, che cosa direbbe al rapinatore? Completa il testo, coniugando i verbi all'infinito con il pronome giusto. Ricorda che i poliziotti usano il TU.

(Fermarsi) ______________________! Non (muoversi) ______________________ !
Abbassa la pistola e (dare/la pistola/a noi) ______________________! Alza le mani e (tenere/le mani) ______________________ bene in alto! (Girarsi) ______________________ verso il muro. (Dire/a noi) ______________________ come ti chiami!

7.4. Che cosa direbbero i poliziotti, se invece del TU usassero il LEI? Trasforma il testo.

7.5. Che cosa direbbero i poliziotti se i rapinatori fossero due? Trasforma il testo (VOI).

Altri usi di CI

• *RICORDA! Di solito la particella CI indica un luogo, un posto, una parte dello spazio (vedi pag. 28).*
Vai a scuola domani? No, non **ci** vado.
(**ci** = a scuola).

• *Ma qualche volta CI può anche sostituire una parola o una frase introdotta dalle preposizioni A, IN, SU, CON. In questo caso significa "a questo", "a questa persona", "in questo", "in questa persona", "con questo", "con questa persona", "su questo", "su questa persona".*
Tu credi a quello che ha detto Mario? No, non **ci** credo.
(**ci** = a quello che ha detto Mario, a questo).

Chi ha pensato a comprare il latte? **Ci** ho pensato io!
(**ci** = a comprare il latte, a questo).

Pensi ancora a Francesca, vero? Sì, **ci** penso continuamente, non posso vivere senza di lei.
(**ci** = a Francesca, a questa persona).

Cosa facciamo con questa carne: la mangiamo adesso?
No, **ci** voglio fare il ragù per stasera.
(**ci** = con questa carne, con questo).

Posso contare sul tuo aiuto? Certo, conta**ci**!
(**ci** = sul mio aiuto, su questo).

Devi uscire con Michela, vero? No, non devo uscir**ci**.
(**ci** = con Michela).

• *CE L'HO. Spesso nella lingua parlata la particella CI è usata insieme ai pronomi diretti LO (L'), LA, LI, LE e al verbo AVERE. In questo caso indica possesso, proprietà.*
Hai un fazzoletto? No, non **ce l'ho**.
Chi ha le chiavi? **Ce le ha** Franco.
Avete una sigaretta? No, non **ce l'**abbiamo.

Altri usi di NE

• *RICORDA! Di solito la particella NE si usa quando parliamo di una quantità (vedi pag.30).*
Quante sigarette fumi al giorno? **Ne** fumo tre.
(**ne** = sigarette).

• *Ma qualche volta NE può sostituire una parola o una frase introdotta dalle preposizioni DI o DA. In questo caso NE significa "di questo", "di questa persona", "da questo", "da questa persona", "da questo luogo", ecc.*
Vuoi parlare di quello che è successo? No, non **ne** voglio parlare.
(**ne** = di quello che è successo; di questo).

Paola ti ha parlato di Antonio? Sì, me **ne** ha parlato.
(**ne** = di Antonio).

Hai bisogno di soldi? No, non **ne** ho bisogno, grazie.
(**ne** = di soldi; di questo).

Sei andato al cinema con Piero, ieri sera? No, non **ne** avevo voglia.
(**ne** = di andare al cinema con Piero; di questo)

Sai qualcosa di lui? No, non **ne** so niente.
(**ne** = di lui; di questa persona).

Ho letto questo libro e **ne** sono rimasto colpito.
(**ne** = da questo libro).

Quando Sandra ha saputo la notizia, **ne** è stata molto sorpresa.
(**ne** = dalla notizia).

• *ATTENZIONE! Quando non è riferito ad una quantità, NE non si accorda mai con il participio passato.*
Avete parlato dei vostri problemi? Sì, **ne** abbiamo parlato.
*(e non: Sì, **ne** abbiamo parlat**i**.)*

ESERCIZI

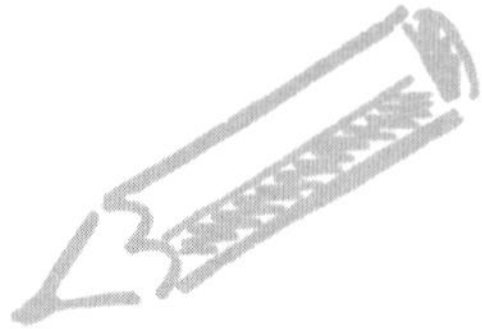

1. Completa le risposte con CI o NE.

Sei sicuro di quello che dici? Sì, **ne** sono sicuro.

1) Sapete qualcosa dei nuovi studenti? No, non __________ sappiamo niente.
2) Cosa compreresti con tutti quei soldi? __________ comprerei una casa nuova.
3) Chi si occupa dei bambini? __________ occupa mia moglie.
4) Siete riusciti ad avvertire Luca? No, non __________ siamo riusciti.
5) Hai voglia di un gelato? No, non __________ ho voglia.
6) Allora, parliamo un po' di te? Va bene, parliamo______ !
7) Vuoi parlare con Stefania? No, non __________ voglio parlare.
8) Posso contare su di Lei, signorina? Sì, signor direttore, __________ conti!
9) Hai una penna da prestarmi? No, non __________ ho.
10) Allora, professore: cosa deduciamo da tutta questa storia? __________ deduciamo che i pronomi italiani non sono facili!

2. Riscrivi le frasi, usando CI o NE.

Non ho ancora pensato a dove andrò in vacanza. Non **ci** ho ancora pensato.

1) Luca mi ha detto che contava molto sul tuo aiuto.

____

2) Stai attento ai bambini!

____

3) Non voglio sapere niente di questa storia.

____

4) Quando avrai bisogno della macchina, te la darò.

____

5) Non avevo voglia di vedere Mario, e così non l'ho chiamato.

____

6) Mi dispiace, mi sono dimenticato di comprare il pane.

____

7) Matteo pensa sempre a quello che gli hai detto.

____

8) Perché non credi alle mie parole? Ti ho detto la verità!

____

9) Anche la televisione ha parlato di quello che è successo stanotte.

____

10) Quando sono uscito dalla riunione ero stanchissimo.

____

3. Scegli l'espressione giusta e poi cerca di capire di quale regione italiana parla questo testo.

Che regione è?

Siete ancora indecisi su dove passare le vacanze quest'estate? **VE L'/VI/VI CI** hanno proposto di andare in montagna ma non **NE/CE NE/L'** avete voglia? Cercate sole, mare, tradizioni popolari e antiche rovine cariche di storia? Allora visitate questa splendida terra, non **LA/NE/VE NE** pentirete. Circondata dal mar Mediterraneo, tra profumi d'aranci e di limoni, ha un clima caldo, quasi africano, ma niente paura: dopo qualche giorno **VI CI/VE NE/NE** abituerete. Gli antichi **LI/NE/LA** chiamavano Trinacria, che significa "terra a tre punte". Infatti, se **NE/CI/LO** fate caso, la sua forma ricorda quella di un triangolo. Nel corso dei secoli è stata abitata da tanti popoli: greci, latini, arabi, normanni, francesi... e questa storia così ricca di incontri e di scambi tra civiltà diverse **L'/NE/GLI** ha fatto una terra unica, piena di arte, cultura, tradizione. **NE/LO/VI** volete degli esempi? Allora andate a Selinunte; qui, a pochi metri dal mare, potrete vedere i resti di un'antica città greca. E se **L'/NE/CI** avete la possibilità, non dimenticate di fare una visita ad Agrigento e alla sua famosa Valle dei Templi (certamente **L'/GLIENE/NE** avete sentito parlare) dove troverete alcuni dei monumenti più caratteristici dell'arte classica. E se questo non **NE/CI/VI** basta, **ECCONE/ECCOVI/ECCOLI** altri posti da non perdere: Siracusa, con il suo teatro greco e l'anfiteatro romano, il tempio di Apollo e il duomo barocco; Palermo, con i suoi monumenti arabi, normanni e bizantini; Segesta e il suo antico tempio greco; e poi Messina, Ragusa, Taormina e Noto. Inoltre qui sono nati grandi filosofi come Eraclito e scrittori importanti come Pirandello e Sciascia, che molto **L'/CE L'/NE** hanno amata e tante pagine **GLIENE/LE/NE** hanno dedicato.
Ma non pensate che questa terra sia solo arte e cultura: **LA/CI/NE** troverete anche un mare stupendo, una popolazione ospitale e una vita semplice e poco stressante.
Infine, un consiglio: se **CE NE/CI/VE NE** andate in agosto, **NE COMPRATE/COMPRATENE/COMPRATEVI** un cappello, **CE NE/L'/NE** avrete bisogno!
Che regione è?

4. In queste frasi ci sono 3 errori. Trovali e correggili.

1) "Che ne dici di andare al mare domenica?" "No, non ne ho voglia."
2) "Ti serve la macchina?" "No, non ne ho bisogno, prendila pure."
3) "Allora, cosa fai? Hai deciso di accettare quel lavoro in Giappone?" "Ci ho pensato molto, ma ancora non lo so."
4) "Tu credi in Dio?" "Sì, ne credo."
5) "Leggete questo articolo e poi fatene un riassunto."
6) "Stamattina Peppe non mi ha neanche salutato. Gli ho fatto qualcosa?" "Ma no... Non farci caso, è solo un po' nervoso."
7) "La lezione di oggi era troppo difficile per me." "Non me ne parlare! Io non ci ho capito niente."
8) "Non solo non amo i cani, ma ce l'ho anche una grande paura!"
9) "Ho comprato una nuova macchina ma non ne sono molto soddisfatta."
10) "Questo vino è eccezionale. Provaci, non te ne pentirai."
11) "Lo sai che Anna ha lasciato il marito e ora vive con un altro?" "No! Non ci credo!"

5. Completa il dialogo.

Il virus.

- Problemi con il computer?
- Sì, non vuole aprire il programma di scrittura. È un'ora che __________ provo ma non __________ riesco. Tu __________ intendi?
- Un po'. Fa' vedere.
- Allora?
- Credo che abbia un virus.
- Oh, no! __________ sei sicuro?
- Non __________ giurerei, però è molto probabile. Per saper____ con sicurezza bisognerebbe azionare il programma antivirus. __________ hai?
- Boh!? Non __________ so... Io non __________ capisco niente.
- Aspetta... Dovresti aver____. Sì, ecco____ qui. Adesso __________ facciamo partire. Se c'è un virus, __________ dirà. Infatti, ecco il messaggio: "virus found". __________ ha trovato!
- E adesso? Come facciamo a toglier____?
- __________ pensa l'antivirus. Non __________ preoccupare.
- Incredibile. Non sapevo che i virus attaccassero anche i computer. Ha fatto molti danni?
- No, per fortuna __________ siamo accorti in tempo. Ma la prossima volta sta____ più attenta. Un virus può essere molto pericoloso.

6. In questo testo ci sono molte ripetizioni. Riscrivilo usando i pronomi, CI e NE. Poi cerca di capire quale è il romanzo italiano di cui parla.

Un po' di letteratura. Che libro è?

È la storia di Mattia, un uomo che vive con la moglie e la suocera. La sua vita è come quella di tanti, ma lui non è soddisfatto della sua vita e vuole cambiare la sua vita: il suo lavoro non piace a Mattia, la suocera tratta male Mattia e la moglie non ama Mattia. L'unica sua gioia sono le due figlie gemelle, ma il destino non è favorevole a Mattia e toglie subito le due figlie gemelle a Mattia: la prima muore appena nata, la seconda dopo un anno.
Un giorno Mattia, stanco di tutto questo, decide di andare a Montecarlo a tentare la fortuna al gioco. Questa volta il destino è dalla sua parte: infatti vince molti soldi. Mentre torna a casa legge sul giornale la storia della sua morte: per sbaglio sua moglie ha riconosciuto Mattia nel cadavere di un uomo trovato dalla polizia. Adesso tutti credono Mattia morto così lui pensa di approfittare del fatto che tutti credono Mattia morto, decide di abbandonare la vecchia vita e di cominciare una nuova vita, ricco, libero, senza moglie e senza suocera. Cambia il suo nome (si fa chiamare Adriano Melis) e va a vivere a Roma. Qui conosce Adriana, una giovane donna, e si innamora di Adriana. Ma quando decide di sposare Adriana, scopre che non è possibile. Infatti per il matrimonio servono a Mattia i documenti, ma lui non ha i documenti. Il suo nome non risulta da nessuna parte, adesso è un uomo senza identità, senza esistenza ufficiale. La sua vita diventa sempre più difficile: ha ancora un po' di soldi, ma qualcuno ruba i soldi a Mattia e allora decide di tornare alla vecchia città. Qui però tutto è cambiato: la moglie ha sposato un altro e quando Mattia chiede alla moglie di tornare con lui, lei risponde a Mattia che non vuole più sapere di tornare con lui. Così Mattia è di nuovo solo. Triste, respinto da tutti, non rimane a Mattia che andare a visitare la sua tomba.

I verbi pronominali

• I verbi pronominali sono verbi che si coniugano con uno o due pronomi (o particelle pronominali). I pronomi (o le particelle pronominali) possono modificare il normale significato del verbo.

	PRESENTE	PASS. PROSSIMO	IMPERATIVO
METTERCI	io ci metto tu ci metti lui/lei ci mette noi ci mettiamo voi ci mettete loro ci mettono	io ci ho messo tu ci hai messo lui/lei ci ha messo noi ci abbiamo messo voi ci avete messo loro ci hanno messo	(tu) mettici! (Lei) ci metta! (noi) mettiamoci! (voi) metteteci! (Loro) ci mettano!
SENTIRCI	io ci sento	io ci ho sentito	
VEDERCI	io ci vedo	io ci ho visto	
VOLERCI (solo III persona singolare e plurale)	ci vuole ci vogliono	c'è voluto/a ci sono voluti/e	
SMETTERLA	io la smetto tu la smetti lui/lei la smette noi la smettiamo voi la smettete loro la smettono		(tu) smettila! (Lei) la smetta! (noi) smettiamola! (voi) smettetela! (Loro) la smettano!
ANDARSENE	io me ne vado tu te ne vai lui/lei se ne va noi ce ne andiamo voi ve ne andate loro se ne vanno	io me ne sono andato/a tu te ne sei andato/a lui/lei se ne è andato/a noi ce ne siamo andati/e voi ve ne siete andati/e loro se ne sono andati/e	(tu) vattene! (Lei) se ne vada! (noi) andiamocene! (voi) andatevene! (Loro) se ne vadano!
FARSENE	io me ne faccio	io me ne sono fatto/a	(tu) fattene!
FREGARSENE	io me ne frego	io me ne sono fregato/a	(tu) fregatene!
IMPORTARSENE (solo III persona sing.)	me ne importa	me n'è importato	
STARSENE	io me ne sto	io me ne sono stato/a	(tu) stattene!
USCIRSENE	io me ne esco	io me ne sono uscito/a	(tu) escitene!

	PRESENTE	PASS. PROSSIMO	IMPERATIVO
CAVARSELA	io me la cavo tu te la cavi lui/lei se la cava noi ce la caviamo voi ve la cavate loro se la cavano	io me la sono cavata tu te la sei cavata lui/lei se l'è cavata noi ce la siamo cavata voi ve la siete cavata loro se la sono cavata	(tu) cavatela! (Lei) se la cavi! (noi) caviamocela! (voi) cavatevela! (Loro) se la cavino!
LEGARSELA	io me la lego	io me la sono legata	
PRENDERSELA	io me la prendo	io me la sono presa	(tu) prenditela!
PASSARSELA	io me la passo	io me la sono passata	
SENTIRSELA	io me la sento	io me la sono sentita	
SPASSARSELA	io me la spasso	io me la sono spassata	(tu) spassatela!
VEDERSELA	io me la vedo	io me la sono vista	(tu) veditela!

AVERCELA (con qualcuno)	io ce l'ho tu ce l'hai lui/lei ce l'ha noi ce l'abbiamo voi ce l'avete loro ce l'hanno	io ce l'ho avuta tu ce l'hai avuta lui/lei ce l'ha avuta noi ce l'abbiamo avuta voi ce l'avete avuta loro ce l'hanno avuta	
FARCELA	io ce la faccio	io ce l'ho fatta	
METTERCELA	io ce la metto	io ce l'ho messa	(tu) metticela!

ESERCIZI

1. Sostituisci i verbi pronominali in neretto con le espressioni della lista che hanno lo stesso significato.

è andata via - finisci - è necessaria - ho il coraggio - ho fatto il possibile - ho impiegato - ho passato un momento difficile - mi interessa- rassegnati - riesci - sei arrabbiata - sono riuscito a risolvere il problema - sto - ti interessa - ti diverti - ti offendi

a) - Perché **ce l'hai** con me? Che cosa ti ho fatto?
- Lo sai benissimo: hai due ore di ritardo... Mentre tu **te la spassi** con i tuoi amici, io sto qui ad aspettarti come una cretina. La verità è che non **te ne frega** nulla di me.
- Come al solito **te la prendi** prima di sapere come sono andate le cose. **Ci ho messo** tanto tempo ad arrivare perché ho avuto un problema con la macchina.

b) - Qualcosa non va?
- Sì, non **me la passo** molto bene. Da quando Mara **se n'è andata** non riesco più a vivere: non **me ne importa** più niente del lavoro, degli amici... È terribile: **ce l'ho messa tutta** per riconquistarla, ma non è servito a niente. Non so più cosa fare.
- È semplice: **smettila** di pensare a lei e **fattene una ragione**. Il mondo è pieno di ragazze più interessanti di Mara.

c) - **Ce la fai** a venire tra mezz'ora?
- No, con questo traffico **ci vuole** almeno un'ora.

d) - Dovrei telefonare a New York per prenotare una camera, ma non **me la sento** di parlare in inglese. Non potresti farlo tu?
- D'accordo, dammi il numero.

e) - Com'è andato il tuo safari in Africa?
- Benissimo, è stata un'esperienza indimenticabile. Solo una volta **me la sono vista brutta**.
- Perché?
- Sono stato assalito da un leone, per fortuna ero dentro la jeep e così **me la sono cavata**.

2.1. Completa la tabella con tutti i verbi pronominali che trovi nel testo.

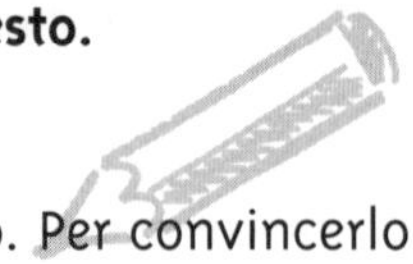

Aumento di stipendio.

Oggi sono andato dal direttore per chiedergli un aumento di stipendio. Per convincerlo **ce l'ho messa** tutta, gli ho anche detto che mia moglie è incinta e che dobbiamo comprarci la casa. Tutto inutile, lui da quest'orecchio non ci sente. Non solo, ha avuto anche il coraggio di dirmi che non lavoro abbastanza. Allora non ci ho visto più: l'ho preso per la camicia e gli ho detto che era un vigliacco. Lui ci ha messo un po' per rendersi conto che non stavo scherzando poi, quando ha capito che facevo sul serio, è diventato tutto rosso e ha gridato. "Lei è licenziato, se ne vada!"

"Me ne vado", ho detto, "però Lei ce l'ha sempre avuta con me, lo confessi. Da quella volta che ho organizzato lo sciopero per ridurre l'orario di lavoro, se l'è legata al dito."

Quindi, senza aspettare la sua risposta, sono andato via. Adesso sono senza lavoro, mia moglie è incinta e non ho una lira, ma non me ne importa niente. Non ce la facevo più a lavorare tutto il giorno per pochi soldi.

"E ora come faremo?", mi ha chiesto mia moglie quando l'ha saputo.

"Stai tranquilla, amore", le ho risposto abbracciandola forte. "Non so come, ma in qualche modo ce la caveremo".

VERBI COME				
metterci	**smetterla**	**fregarsene**	**prendersela**	**farcela**
				CE L'HO MESSA (INF. METTERCELA)

2.2. Ora completa il testo.

Oggi sono andato dal direttore per chieder____ un aumento di stipendio. Per convincer____ questa volta __________ ho messa tutta, __________ ho anche detto che mia moglie è incinta e che dobbiamo comprar____ la casa. Tutto inutile, lui da quest'orecchio non __________ sente. Non solo: ha avuto anche il coraggio di dir____ che non lavoro abbastanza. Allora non __________ ho visto più: __________ ho preso per la camicia e __________ ho detto che era un vigliacco. Lui __________ ha messo un po' per render____ conto che non stavo scherzando poi, quando ha capito che facevo sul serio, è diventato tutto rosso e ha gridato: "Lei è licenziato, __________ vada!"
"__________ vado", ho detto, "però Lei __________ ha sempre avuta con me, __________ confessi. Da quella volta che ho organizzato lo sciopero per ridurre l'orario di lavoro __________ è legata al dito."
Quindi, senza aspettare la sua risposta, sono andato via. Adesso sono senza lavoro, mia moglie è incinta e non ho una lira, ma non __________ importa niente. Non __________ facevo più a lavorare tutto il giorno per pochi soldi.
"E ora come faremo?"- __________ ha chiesto mia moglie quando __________ ha saputo.
"Stai tranquilla, amore", __________ ho risposto abbracciando____ forte. "Non so come, ma in qualche modo __________ caveremo".

3. Metti l'infinito al tempo giusto. Attenzione ai pronomi!

Ti ho detto di alzarti, non (importarsene) **me ne importa** niente se sei stanco.

1) Per favore Marco, (smetterla) ____________________ di far rumore! Sto studiando!
2) "Quanto (volerci) ____________________ da qui a casa tua?"
"Di solito (metterci) ____________________ un quarto d'ora."
3) L'esame non era facile, ma avevo studiato molto e così (cavarsela) ______________.
4) "Ciao Piero, come (passarsela) ____________________?"
"Abbastanza bene, e tu?"
"Io lavoro troppo. Non (farcela) ____________________ più!"
5) "Come mai ieri sera non c'eri alla festa?"
"Ero stanco. Non (sentirsela) ____________________ di venire. Vi siete divertiti?"
"Non molto... Abbiamo ballato un po' e poi verso mezzanotte (andarsene) ____________________."
6) Ugo! Ti ho detto di abbassare quella musica! Non (sentirci) ____________________?
7) "(Metterci) ____________________ molto per venire qui?"
"No, ho preso la macchina e in dieci minuti sono arrivato."
8) "Che ti è successo?"
"Ho avuto un incidente. (Vedersela) ____________________ brutta!"
9) "Ti aiuto?"
"No grazie, (farcela) ____________________ da solo."

4.1. Completa il dialogo con i verbi e i pronomi.

- Cos'hai, Giulia? Sei arrabbiata con me?
- Sì, (andarsene) ____________________ ! Non ti voglio più vedere.
- Su, non (prendersela) ____________________ così! Stavo scherzando, non volevo offenderti.
- Lasciami in pace. Questa volta non (cavarsela) ____________________ con delle semplici scuse.
- Allora (prendersela) ____________________ veramente?
- Sì, me la sono presa.
- Mi dispiace...
- (Smetterla) ____________________ di scusarti. Ti ho detto di lasciarmi in pace, non (sentirci) ____________________?
- Va bene, scusa. (Andarsene) ____________________.

4.2. Ora trasforma il dialogo precedente dal TU al LEI. Attenzione ai verbi e ai pronomi!

- Cos'ha, signorina Giulia? È arrabbiata con me?
- Sì, (andarsene) ____________________ ! Non __________ voglio più vedere.
- Su, non (prendersela) ____________________ così! Stavo scherzando, non volevo offender___.
- (Lasciarmi) ____________________ in pace. Questa volta non (cavarsela) ____________________ con delle semplici scuse.
- Allora (prendersela) ____________________ veramente?
- Sì, me la sono presa.
- Mi dispiace...
- (Smetterla) ____________________ di scusar___. __________ ho detto di lasciarmi in pace, non (sentirci) ____________________?
- Va bene, scusi. (Andarsene) ____________________.

5. Sai completare le parole della moglie con il verbo pronominale mancante?

«SONO I NOSTRI VICINI. TI CHIEDONO SE PUOI ____________ DI RUSSARE. STANNO FACENDO UNA FESTA...»

I pronomi riflessivi (2ª parte)

• *RICORDA!*
Questi sono i pronomi riflessivi (vedi pag. 23).

(io) **mi** alzo	(noi) **ci** alziamo
(tu) **ti** alzi	(voi) **vi** alzate
(lui) **si** alza	(loro) **si** alzano

• *I pronomi riflessivi si usano in tre casi:*
1) quando l'azione del verbo si riflette (cade) sul soggetto.
Io **mi** alzo alle sette.
Perché **ti** lavi con l'acqua fredda?
Paola non **si** è sentita bene.
Prego signori, sedete**vi** qua.

2) quando l'azione del verbo è reciproca, cioé avviene tra due o più persone.
Noi **ci** conosciamo già, vero?
(= io conosco te - tu conosci me).
Hai saputo la notizia? Claudio e Maria **si** sposano.
(= Claudio sposa Maria - Maria sposa Claudio).
Quando **vi** siete incontrati?

3) quando voglio dare un carattere più enfatico o affettivo all'azione del verbo.
In questo caso si usa l'ausiliare essere e non avere.
Mi mangio un panino col prosciutto.
(mangio un panino col prosciutto).
Ti sei bevuto tutta la birra!
(hai bevuto tutta la birra!)
Dov'è la mia bicicletta? Se l'è presa Gigi.
(l'ha presa Gigi).

• *RICORDA! Con i verbi riflessivi uso sempre l'ausiliare "essere"*
e dunque il participio passato si accorda con il soggetto.
Paola si è alzat**a** alle otto.
Giulio si è alzat**o** alle otto.
Franco e Roberto si sono alzat**i** alle otto.
Paola e Federica si sono alzat**e** alle otto.

• *Però quando c'è un pronome diretto o la particella NE,*
il participio si accorda con l'oggetto.
Marco e Paolo hanno comprato una torta e se **la** sono mangiat**a**.

ESERCIZI

1.1. Leggi questa lettera e sottolinea tutti i pronomi che trovi. Poi completa la tabella.

Questioni di cuore.

SONO UNA STUDENTESSA UNIVERSITARIA DI 24 ANNI CHE STA PER LAUREARSI CON IL MASSIMO DEI VOTI. TUTTI DICONO CHE SONO BELLA E INTELLIGENTE, HO UNA SPLENDIDA FAMIGLIA E MOLTI AMICI. DA UN PO' DI TEMPO, PERÒ, MI SONO INNAMORATA DI UN RAGAZZO DELLA MIA ETÀ, CHE AL NOSTRO SECONDO INCONTRO MI DICE DI ESSERE SUPERFIDANZATO DA SEI ANNI. ALL'INIZIO CI VEDIAMO DI NASCOSTO, POI FABIO (COSÌ SI CHIAMA) MI ASSICURA DI AMARMI PIÙ DELL'ALTRA E INFATTI SUBITO DOPO LA LASCIA. PASSIAMO INSIEME TRE MESI, TUTTO SEMBRA ANDARE BENE, MA A UN CERTO PUNTO FABIO DICE DI VOLER STARE DA SOLO. ACCETTO, ANCHE SE STO MALISSIMO. CI VEDIAMO PER DUE SABATI DI SEGUITO E LE COSE FINISCONO SEMPRE ALLO STESSO MODO. VERRÒ A SAPERE CHE SI È RIMESSO CON L'ALTRA. MI SONO COSÌ ARRABBIATA CHE L'HO VOLUTO RIVEDERE E GLI HO DATO UNO SCHIAFFO. PASSA UNA TERRIBILE ESTATE, MA A SETTEMBRE CI INCONTRIAMO DI NUOVO. LE COSE CON L'ALTRA VANNO COSÌ COSÌ. PARLIAMO TUTTA LA NOTTE E AL MATTINO AL MOMENTO DI SALUTARCI MI ABBRACCIA E CON LE LACRIME AGLI OCCHI MI DICE DI NON SAPER CHE FARE. TORNIAMO AD AMARCI DI NASCOSTO PER DUE MESI, POI DECIDIAMO DI LASCIARCI DI NUOVO. CI RIVEDIAMO TRE O QUATTRO VOLTE, CON LO STESSO FINALE. CI SENTIAMO A CAPODANNO, MI PARLA DELLA SUA FIDANZATA, DICE CHE NON VUOLE PERDERLA, CHE È MEGLIO NON VEDERCI PIÙ PERCHÉ GLI DISPIACE FARMI SOFFRIRE. È UNA STORIA INFINITA. SO CHE È UN EGOISTA, UN LUPO TRAVESTITO DA AGNELLO, STA CON L'ALTRA PER INTERESSE, PERCHÉ GLI PERMETTE DI FARE QUELLO CHE VUOLE. ABBIAMO DECISO DI SEPARARCI MA STO MALISSIMO. SONO MESI CHE RIEMPIO IL CUSCINO DI LACRIME CHIEDENDOMI IL PERCHÉ. ME LO SOGNO TUTTE LE NOTTI. SO CHE DEVO DIMENTICARLO, MA ADESSO MI SEMBRA IMPOSSIBILE. CHE DEVO FARE?

TRAVIATA 72_GENOVA

(da "Il Venerdì de La Repubblica")

RIFLESSIVI	RIFLESSIVI RECIPROCI	RIFLESSIVI ENFATICI	DIRETTI	INDIRETTI
LAUREARSI				

1.2. Completa le frasi.

1). All'inizio __________ vediamo di nascosto, poi Fabio (così __________ chiama) ________ assicura di amar_____ più dell'altra e infatti subito dopo ________ lascia.

2) _______ sono così arrabbiata che _______ ho voluto rivedere e _______ ho dato uno schiaffo.

3) __________ sentiamo a capodanno, __________ parla della sua fidanzata, dice che non vuole perder_____, che è meglio non veder_____ più perché __________ dispiace far_____ soffrire.

4) Abbiamo deciso di separar_____ ma sto malissimo. __________ sogno tutte le notti. So che devo dimenticar_____, ma adesso __________ sembra impossibile.

2. Scegli l'espressione giusta.

- Cos'hai, papà? Non **te la/ti/lo** senti bene?
- Sì, **la/mi/si** gira un po' la testa. Ho bisogno di **metterla/mettermela/mettermi** sul letto. Dev'essere il caldo...
- **Gli/Ti/Lo** è successo altre volte?
- Sì, ogni tanto con il caldo **mi si/gliel'/me l'** abbassa la pressione. Il medico **mi ha dato/me ne ha date/me le ha date** delle pillole da prendere tutti i giorni, ma questa mattina non **me le ho prese/mi sono prese/me le sono prese**.
- Dovresti stare più attento, **curarlo/curarsi/curarti** di più. Ormai hai quasi sessant'anni, non sei più un ragazzino.
- So bene come **mi/me la/me ne** devo comportare, stai tranquilla. Tu **mi/ne/ti** preoccupi troppo.
- Io vorrei solo che facessi una vita più controllata. Tutte quelle sigarette che **ti/te le/te ne** fumi, per esempio. L'ultima volta che **ce lo siamo visti/ci abbiamo visto/ci siamo visti**, mi avevi detto che avevi smesso...
- Ma se **mi sono fumato/me ne sono fumate/me ne ho fumate** solo due! Possibile che ogni volta devi ripetermi sempre le stesse cose? Cerca di non **farmi arrabbiare/fare arrabbiarmi/me la fare arrabbiare**, per favore, e **vammi/mi vai/vacci** a prendere le pillole per la pressione.

3. Trasforma le frasi come nell'esempio.

Stamattina ho mangiato una fetta di torta. Stamattina **mi sono mangiato** una fetta di torta.

1) Io e Marco abbiamo bevuto tutta la bottiglia.
2) Ieri sera hai perso un bellissimo film in tv.
3) I ladri hanno portato via tutto.
4) Antonio ha fatto una bella dormita.
5) La torta è finita, l'ho mangiata tutta.
6) Se quella casa fosse stata meno cara, l'avremmo comprata subito.
7) I soldi non ci sono, li ha presi Carla.
8) Allora ragazze, cosa avete comprato?

I pronomi personali soggetto

io *scrivo*	**noi** *scriviamo*
tu *scrivi*	**voi** *scrivete*
lui *(egli) scrive*	**loro** *(essi/esse) scrivono*
lei *(ella) scrive*	

• *Di solito in italiano l'uso dei pronomi personali soggetto non è obbligatorio.*
(Io) vado al cinema.
(Tu) lavori a Roma o a Milano?
Che cosa fate (voi)?

• *I pronomi personali soggetto sono necessari quando:*
1) c'è una contrapposizione tra due o più persone.
Mentre **voi** dormivate, **noi** lavoravamo!
Io sono italiano, **tu** sei francese, **lei** è americana.

2) si vuole mettere in evidenza un soggetto.
E **tu** cosa fai qui?
Chi ha fatto la spesa? L'ho fatta **io**!
Lui era bello, ricco e intelligente.

3) il soggetto della frase non è chiaro
(specialmente con il congiuntivo presente e imperfetto).
I miei amici pensano che **tu** sia simpatico.
Giacomo credeva che **io** venissi.

• *I pronomi EGLI, ELLA, ESSI, ESSE hanno un uso limitato e si incontrano ormai solo nella lingua scritta. Al loro posto si usano più comunemente LUI, LEI, LORO.*
Egli mi disse che la guerra era finita. *(letterario)*
Lui mi disse che la guerra era finita. *(più comune)*
Ella aveva i capelli lunghi e neri. *(letterario)*
Lei aveva i capelli lunghi e neri. *(più comune)*

• *Qualche volta i pronomi ESSO, ESSA, ESSI, ESSE si usano per cose e animali.*
La casa era grande. Vicino ad **essa** c'era un albero molto alto.

• *Qualche volta il pronome personale soggetto può essere rafforzato da STESSO/A/I/E.*
Lo hai detto tu **stesso**.
Lei **stessa** ha ricevuto gli invitati.
Siamo andati noi **stessi** a casa sua.

Le forme toniche

• *Oltre alla forma atona (debole) dei pronomi diretti e indiretti esiste anche la forma tonica (forte).*

PRONOMI DIRETTI	
Forma tonica (forte)	*Forma atona (debole)*
Paolo ama **me**	Paolo **mi** ama
Paolo ama **te**	Paolo **ti** ama
Paolo ama **lui**	Paolo **lo** ama
Paolo ama **lei**	Paolo **la** ama
Paolo ama **noi**	Paolo **ci** ama
Paolo ama **voi**	Paolo **vi** ama
Paolo ama **loro**	Paolo **li/le** ama

PRONOMI INDIRETTI	
Forma tonica (forte)	*Forma atona (debole)*
Paolo telefona **a me**	Paolo **mi** telefona
Paolo telefona **a te**	Paolo **ti** telefona
Paolo telefona **a lui**	Paolo **gli** telefona
Paolo telefona **a lei**	Paolo **le** telefona
Paolo telefona **a noi**	Paolo **ci** telefona
Paolo telefona **a voi**	Paolo **vi** telefona
Paolo telefona **a loro**	Paolo **gli** telefona

• *Quando si usano le forme toniche?*
1) Quando si vuole mettere il pronome in particolare evidenza.
In questo caso l'accento della frase cade sul pronome e non sul verbo.
Posso darlo **a voi**?
Paolo vuole **me**, non **te**.
L'ho chiesto **a lui**, non **a te**.

2) Quando davanti al pronome c'è una preposizione.
Vuoi uscire **con me**?
Questo è **per te**.
Ho bisogno **di lei**.
La borsa è davanti **a voi**.
Vado a cena **con loro**.

3) Dopo COME e QUANTO.
Fa' **come me**.
Sono sorpreso **quanto voi**.
Come te non c'è nessuno.

4) In forme esclamative.
Mia suocera viene ad abitare con noi, **povero me**!
"Lo sai che mi sono fidanzato con una top model?" "**Beato te**!"

• *TE si usa anche come soggetto nella costruzione "Io e te".*
Io e te abbiamo molte cose in comune.
(ma se inverto i pronomi dico: "tu ed io abbiamo molte cose in comune").

• *Qualche volta la forma tonica può essere rafforzata con STESSO.*
Sei un egoista, pensi solo a **te stesso.**

ESERCIZI

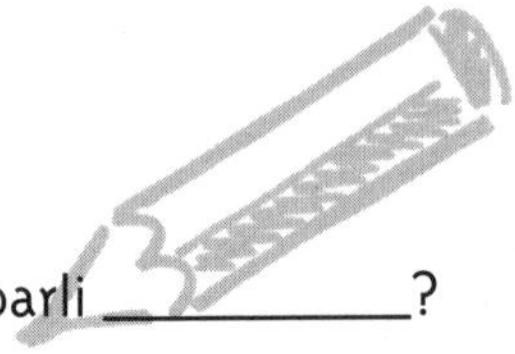

1. Completa i dialoghi con i pronomi personali soggetto.

a) - Sta arrivando il signor Remotti per il contratto della casa. Ci parli __________?
- No, parlaci __________ . __________ non posso, sto uscendo.
- Ma che cosa gli dico? Vi siete visti __________ l'ultima volta. __________ non ne so niente.
- Ti spiegherò tutto __________ , stai tranquilla.

b) - Devi andare al supermercato a fare la spesa.
- Perché proprio __________ ? Non ci può andare Caterina? Anche __________ fa parte della famiglia, no?
- Caterina non c'è. È uscita.
- E allora perché non ci vai __________ ?
- __________ sono stanca, non ce la faccio.
- Insomma qui dentro lavoro sempre ________ e ________ due non fate mai niente!

2. Completa le frasi con le forme toniche dei pronomi diretti e indiretti.

1) Sto parlando con __________ , perché non rispondi?
2) Scegliete __________ ! Sono la persona che fa per __________ .
3) Carlo ha vinto un viaggio a Cuba. Beato __________ !
4) Non posso vivere senza di __________, tu sei l'unica donna per __________ !
5) Prende un po' d'insalata, signora?
Prego, dopo di __________ !
6) Per __________ farei qualunque cosa, amore mio.
7) L'ho chiesto a tutti ma non a __________ , perché so già che non sono d'accordo.
8) Grazie a __________ , signor De Marchi, la nostra azienda ha ottenuto un grande risultato.
9) Conta su di __________ , non ti deluderemo.
10) Ne so quanto __________ , non chiedermi niente.
11) Se hai bisogno di __________ , chiamaci.
12) Tocca a __________ , sbrigati.
13) Va' da __________ e digli che li voglio vedere.
14) Dico a __________ , ragazzi: un po' di attenzione, per favore.
15) Prego, signori. Il direttore sarà da __________ tra un attimo.
16) Resta con __________ , non ci lasciare.

3. Leggi la lettera di Fabio e la risposta di Isabella Rossi Fedrigotti. Poi sottolinea tutti i pronomi che trovi e completa la tabella.

Aiuto, amo una bambina di vent'anni.

<u>L'HO VISTA</u> PER LA PRIMA VOLTA DUE ANNI FA, LEI SEGUIVA IL MIO STESSO CORSO ALL'UNIVERSITÀ ED ERA LA RAGAZZA PIÙ BELLA DI TUTTA LA CLASSE. TRA L'ALTRO GUARDAVA PROPRIO ME, ANCHE SE ERA SEMPRE INSIEME A UN ALTRO. MA IO SONO TIMIDO, IL CORSO È FINITO SENZA CHE LE AVESSI DETTO UNA PAROLA. QUALCHE MESE DOPO IN PRIMAVERA LA RIVEDO, SOLA. CONTINUA A GUARDARMI E VEDO CHE CERCA DI CONOSCERMI. CI PRESENTIAMO, SCHERZIAMO, LEI SI SIEDE SEMPRE VICINO A ME, DIVENTIAMO ABBASTANZA AMICI, FINO A QUANDO IO LE CHIEDO DI USCIRE: «NO». GLIELO CHIEDO DI NUOVO: ANCORA «NO». VENGO A SAPERE CHE HA GIÀ UN RAGAZZO. HA 23 ANNI MA FA LA BAMBINA. PASSA L'ESTATE E IO PENSO SEMPRE A LEI; A OTTOBRE LA RIVEDO, STA INSIEME A LUI MA VUOLE ANCHE ME: MI SORRIDE, QUANDO LUI NON C'È VIENE A CERCARMI, SE PARLO CON LE ALTRE RAGAZZE SI MOSTRA GELOSA, MA APPENA IO FACCIO QUALCOSA PER CONQUISTARLA LEI SI TIRA INDIETRO E TUTTO FINISCE LÀ. LE MIE AMICHE MI DICONO DI LASCIARLA PERDERE, LORO PENSANO CHE APPENA MI VEDRÀ DISINTERESSATO MI CORRERÀ DIETRO. MA LEI AMA LUI, NON ME! COSA FARE DEVO FARE?
FABIO (MILANO)

Isabella Rossi Fedrigotti risponde.
L'hai detto tu stesso, caro Fabio, la tua bella fa la bambina. Se ha il giocattolo in mano dice "che noia", ma se le sfugge vuole solo quello. Se ce la fai, non ti resta che seguire il consiglio delle amiche: evitala , ignorala, mostrati indifferente, parla con le altre e, forse, vorrà solo te.
(da "Sette")

PRON. PERS. SOGGETTO	FORME TONICHE	FORME ATONE	RIFLESSIVI	PRONOMINALI
		L'HO VISTA		

4. Scegli l'espressione giusta. Poi unisci i punti corrispondenti alle risposte corrett

Se hai scelto bene, vedrai apparire un simpatico disegno.

Divieto di transito.

Vigile: - Fiiiii! Alt! (1)**Tu** (2) **Si** (3) **Ti** fermi!
Automobilista: - (4) **Me dice** (5) **Dice me** (6) **Dice a me**?
Vigile: - Sì, (7) **dico a te** (8) **dico a Lei** (9) **Le dico**. Non ha visto il cartello? Questa è zona pedonale, è vietata alle macchine.
Automobilista: - Scusi, ma quel signore davanti (10) **mi** (11) **a me** (12) **a io** è appena passato!
Vigile: - (13) **Lui** (14) **L'** (15) **Lei** aveva il permesso. (16) **Lui** (17) **Lei** (18) **Tu** ce l'ha?
Automobilista: - No, non ce l'ho.
Vigile: - Allora da qui non può entrare.
Automobilista: - Ma devo andare in centro, ho un appuntamento importante.
(19) **Lascia a me passare** (20) **Mi lasci passare** (21) **Lasci passare me.**
Vigile: - Se deve andare in centro, parcheggi la macchina e vada a piedi.
Automobilista: - Cosa? Lei è matto!
Vigile: - Stia calmo, per favore. E (22) **faccia vedere a me** (23) **a me faccia vedere** (24) **mi faccia vedere** i Suoi documenti.
Automobilista: - Ma come si permette? Lei non sa chi (25) **io sono** (26) **sono io** (27) **me sono**!
Vigile: - (28) **A me** (29) **Io** (30) **Me** non interessa chi è Lei. La legge è uguale per tutti.
Automobilista: - Ah, sì? Guardi che io sono una persona importante... (31) **Conoscono me** (32) **Me conoscono** (33) **Mi conoscono** tutti...
Moglie automobilista: - Per favore, Luciano, non fare storie. Fa' vedere i documenti al vigile.
Automobilista: - (34)**Ti stai zitta** (35) **Stai zitta tu** (36) **Stai tu zitta**! Non ti intromettere e (37) **mi lasci parlare** (38) **lasciami parlare** (39) **lascia me parlare**.
Moglie: - No, è meglio che (40) **io parli** (41) **parli me** (42) **parli io**... Scusi, signor vigile, ma mio marito è un po' nervoso... Non (43) **voleva offenderLa** (44) **voleva offendere Lei** (45) **Le voleva offendere**.
Vigile: - Signora, qui siamo tutti nervosi, non solo Suo marito.
Moglie: - È vero. Vede, è che avremmo un appuntamento importante e se gentilmente (46) **facesse entrare noi** (47) **ci facesse entrare** (48) **noi facesse entrare**...
Vigile: - Se (49) **facessi entrarvi** (50) **voi facessi entrare** (51) **facessi entrare voi** dovrei fare entrare tutti.
Moglie: - (52) **Ha ragione Lei** (53) **Lei ha ragione** (54) **Le ha ragione**, però vede, questo appuntamento è molto importante...
Vigile: - Guardi, se proprio non volete andare a piedi (55) **suggerisco a voi** (56) **a voi suggerisco** (57) **vi suggerisco** di girare a destra e di continuare dritti fino a Porta Pia. Da là forse (58) **vi faranno passare** (59) **voi faranno passare** (60) **faranno passare voi**.
Moglie: - Grazie mille. E (61) **ci scusi** (62) **scusi noi** (63) **noi scusi tanto**.

5. In queste frasi ci sono 5 errori. Trovali e correggili.
TROVA L'ERRORE

1) Lascia fare a me, che ne so più di te.
2) A noi interessa solo che tu ci dica grazie, non vogliamo nient'altro da te.
3) Beato tu che sei sempre allegro! Ma come fai? Io non ci riesco.
4) Loro sono grandi e tu sei piccolina, ma bella come te non c'è nessuno!
5) Ci accompagnate voi?
No, vi accompagnano loro.
6) Ha chiamato te o me?
7) Se non sei pronta preparate, è quasi ora di uscire.
8) Le persone come Lei saranno sempre benvenute qui da noi, se lo ricordi.
9) Non voglio vedere né lui né tu. Lasciatemi in pace.
10) Aspettatemi, vengo anche me!
11) In lei c'è qualcosa che non va, non l'hai notato anche tu?
12) Io e te dobbiamo parlare.
13) Sapete dov'è la mia borsa?
Sì, noi l'abbiamo presa!
14) "Io sono mia" è un famoso slogan del movimento femminista.
15) Se fossi in te glielo direi.

Tutto quello che ancora dovete sapere sui pronomi

PRONOMI DIRETTI E PARTICIPIO PASSATO.

• *RICORDA! Quando i pronomi diretti LO, LA, LI, LE sono prima di un participio passato, questo finisce con -O, -A, -I, -E. (vedi pag.11).*

Avete visto Paolo? Sì, **l'**abbiamo vist**o**.
Hai mangiato la pasta? Sì, **l'**ho mangiat**a**.
Ho comprato i giornali e **li** ho lett**i**.

• *Con i pronomi diretti MI, TI, CI, VI invece il cambiamento del participio passato non è obbligatorio.*

Abbiamo incontrato Paolo ma non **ci** ha salutat**o**
(o anche: abbiamo incontrato Paolo ma non ci ha salutati).
Ciao Giulia, chi **ti** ha accompagnat**o** qui?
Mi ha accompagnat**o** il mio ragazzo
(o anche: mi ha accompagnata il mio ragazzo).

CI/VI.

• *Nella lingua formale o scritta il CI di luogo può diventare VI.*

Nell'anno 1301 Dante ha lasciato Firenze e non **vi** è più ritornato.
Il paese era deserto, **vi** abitavano solo poche persone.

IL PRONOME SI.

• *Il pronome SI può essere:*

1) riflessivo:
Mario non **si** sente bene.

2) impersonale:
Negli Stati Uniti **si** parla inglese.

• *Quando la frase è riflessiva e impersonale, uso il pronome combinato CI SI (e non SI SI!).*

Di solito la Domenica mattina **ci si** alza tardi.

IL PRONOME SE.

• *Il pronome SE si usa in due casi:*

1) al posto del pronome riflessivo SI, davanti a LO, LA, LI, LE, NE.

Dove sono i soldi? **Se li** è presi Giorgio
Vittorio **se n'**è andato un'ora fa.

2) come forma tonica (forte) del pronome riflessivo SI. In questo caso si mette l'accento.

La mamma ha portato i bambini con **sé**.

• *Quando è rafforzato da STESSO, SE non ha l'accento.*

Marco è un egoista: pensa solo a **se stesso**.

LA POSIZIONE DEI PRONOMI.

• *Quando c'è un verbo modale (dovere, potere, volere, sapere) + un infinito, il pronome può andare prima del verbo modale o dopo l'infinito.*

Ti piace la cioccolata?	Sì, ma non **la** posso mangiare.
	Sì, ma non posso mangiar**la**.
Con chi sei uscito ieri sera?	Non **te lo** posso dire.
	Non posso dir**telo**.

• *Anche con STARE + GERUNDIO il pronome può andare prima o dopo.*

I bambini sono a scuola?	No, Maria **li** sta portando qui.
	No, Maria sta portando**li** qui.
Sei già andato alla posta?	No, **ci** sto andando adesso.
	No, sto andando**ci** adesso.

• *Quando l'infinito è da solo, il pronome va sempre dopo. Così anche per gerundio e participio.*
La porta è quella a sinistra, ma non ho la chiave per aprir**la**.
Ecco la medicina, prendendo**la** starai meglio.
Deve fare prima il certificato di residenza. Una volta ottenuto**lo** ritorni da noi per il passaporto.

• *Con l'imperativo diretto (TU, NOI, VOI) positivo, il pronome va sempre dopo il verbo.*
Se vuoi mangiare la mela, mangia**la**!

• *Con l'imperativo diretto negativo il pronome può andare prima o dopo.*
Se non vuoi telefonare a Paolo, non **gli** telefonare/non telefonar**gli**!

• *Con l'imperativo indiretto (LEI, LORO) positivo e negativo, il pronome va sempre prima del verbo.*
Se deve andare a casa, **ci** vada!
Se non vuole il pesce, non **lo** mangi!

• *Quando c'è un pronome diretto + un pronome riflessivo, il pronome riflessivo va prima.*
Ti sei lavato le mani? Sì, **me le** sono lavate.
Chi ha mangiato la cioccolata? **Se l'**è mangiata Ugo.

• *Quando c'è un pronome indiretto + un pronome riflessivo, il pronome riflessivo va dopo.*
Quando il bambino ha visto la mamma, **le si** è gettato tra le braccia.

• *Quando c'è il verbo fare (o farsi) + un infinito, il pronome va sempre prima del verbo fare.*
A Mario piaceva mia sorella, così **gliel'**ho fatta conoscere.
Ieri mio figlio **mi** ha fatto arrabbiare.
Maria **si** è fatta crescere i capelli.

LE DISLOCAZIONI PRONOMINALI.

	A SINISTRA	A DESTRA
OBBLIGATORIA	con LO, LA, LI, LE e NE partitivo (di quantità)	/
FACOLTATIVA	con gli altri pronomi, CI e NE non partitivo	con tutti i pronomi, CI e NE

• *Non sempre il pronome si usa per sostituire il nome. Qualche volta, soprattutto nella lingua parlata, può anche andare insieme al nome.*

• *Quando il nome è a sinistra del pronome parliamo di dislocazione a sinistra.*
La macchina non **l'**ho ancora comprata.

• *Quando il nome è a destra del pronome parliamo di dislocazione a destra.*
Quando **me lo** porti **il libro**?

DISLOCAZIONE A SINISTRA.
• *Con LO, LA, LI, LE e NE partitivo, l'uso del pronome è obbligatorio.*
Quel film non **l'**ho visto. *(e non: quel film non ho visto)*
I tuoi amici non **li** conosco.
Di donne ne ha avute molte.

• *Con gli altri pronomi, CI e NE partitivo, l'uso è facoltativo nella lingua parlata e escluso nella lingua scritta.*
A Giorgio non gli dico niente/A Giorgio non dico niente.
A casa ci vado dopo/A casa vado dopo.
A me non mi ha mai detto niente/A me non ha mai detto niente.
Di lavoro non ne voglio parlare/Di lavoro non voglio parlare.

DISLOCAZIONE A DESTRA.
• *È molto frequente nelle domande colloquiali. L'uso del pronome è facoltativo.*
Dove l'hai messo il mio asciugamano?/Dove hai messo il mio asciugamano?
Quando le telefoni a Claudia?/Quando telefoni a Claudia?
Quando ci vai in palestra?/Quando vai in palestra?
Glieli hai dati i soldi al portiere?/Hai dato i soldi al portiere?
Me lo fai un favore?/Mi fai un favore?

ESERCIZI DI RICAPITOLAZIONE GENERALE.

1.1. Scegli l'espressione giusta.

Bella, inquinata e caotica.

Come vedono Roma i turisti stranieri? Che cosa **ne/ci/la** pensano? Sono veramente contenti della loro vacanza romana? **Ci/Ne/Li** sono soddisfatti? Torneranno nella città eterna, oppure, la prossima volta, andranno altrove?

"Non tornerò. **Me n'/Mi/Me** è bastata questa esperienza", risponde Lizzette, 40 anni, portoricana, per la prima volta a Roma.

"Per **mi/me/io** era sempre stato un sogno venire in Italia. Guardavo le fotografie dei palazzi, dei monumenti romani, e mettevo via i soldi per il viaggio. Adesso sono qui da dieci giorni e sono triste". Perché? "Sono appena stata a Villa Borghese. C'era una statua bellissima, **l'/ce l'/se l'** hanno sporcata tutta con scritte di vernice nera. **Mi/L'/Le** ha fatto sentire male. Non c'è rispetto per la bellezza. La gente vive in questa meraviglia di cose antiche e delicate, ma non **se lo/lo/se ne** rende conto."

Sembra molto soddisfatto invece un medico danese, Svend Jorgen Angsburg, 52 anni, che a Roma **lui/ci/ce l'** era già stato nell'83 e **ce ne/ci/lui** è ritornato adesso, con moglie e figli.

"La bellezza di questa città è una calamita. **Ci/Ce ne/Mi** tornerò sempre", dice con un sorriso.

Passiamo a un giovane tedesco di Francoforte, Sven Gensz, che **ci/lui/se ne** sta seduto sul bordo della Fontana di Trevi a bere un frappè. Ha 27 anni e lavora in un bar.

"All'inizio ho trovato Roma bellissima, proprio come **l'/me l'/mi** ero immaginata. Poi il traffico e lo smog hanno raffredato un po' il mio entusiasmo. In Germania ho fatto amicizia con dei romani simpatici e abbiamo deciso di **scambiarsi/scambiarle/scambiarci**, ogni tanto, le case. Le ragazze romane mi piacciono, ma purtroppo in discoteca non riesco a **conoscerla/conoscerne/conoscerle** nessuna, perché non parlano inglese. O forse fanno finta di non **saperlo/saperne/lo sapere**?"

Domanda difficile. Ancora più complicato intervistare una coppia di gentilissimi giapponesi a piazza di Spagna. Lei si chiama Fuyumi e dimostra 35 anni; lui si chiama Hideo, **li/se ne/ne** dimostra 40 e non parla inglese. Fuyumi ascolta le domande e **gliele/gliene/le** traduce al marito. Lui **le/gliele/ce le** dà le risposte e lei **ce le/ce ne/ne** ritraduce. Si vede che in famiglia, la responsabilità di esprimere giudizi, **se ne/se la/si** prende solo il marito.

Essendo educati e giapponesi, i due non **li/si/se la** sbilanciano: "Il cibo italiano è molto buono, anche se a volte è cattivo. Le strade romane sono bellissime, però sono un po' troppo strette rispetto a quelle di Tokyo. Roma è molto amata e rispettata in Giappone, però certe cose, da voi, si potrebbero fare diversamente."

Che cosa? Finalmente, con uno strappo alla diplomazia nipponica, Hideo si lascia sfuggire: "**Si/Ci/La** potrebbe portare via la sporcizia dalle strade e fare la multa, come si fa da noi, a quelli che buttano le cartacce per terra."

Di opinione diversa sono due coppie di tedeschi. Vengono da Munster, città universitaria, sono sui 30 anni e lavorano nel campo della ricerca ecologica.

"Di Roma **ci/ne/ce ne** ha conquistati il disordine, la vita, il caos nelle strade. Oggi a Munster è un giorno di festa. Siamo partiti questa mattina, era tutto chiuso, freddo, pulito, ordinato. Quasi nessuno per strada. Siamo qui da poche ore, ma già abbiamo capito che per noi è una occasione di vita e di allegria."

Alla nostra inchiesta mancava l'opinione di un'americana. **La/Ce la/Ne** fermiamo una, molto elegante vicino a Campo dei Fiori. Dimostra 27 anni, sembra la classica wasp (bianca, anglosassone, protestante). Scopriamo invece che è una dentista russa e che abita a San Pietroburgo. "Questa è la terza volta che vengo in Italia", ci dice, "ma fin dalla prima **me la/la/mi** sono sentita a casa mia. Da piccola, sui libri di storia, ammiravo le bellezze di Roma, ma quando **le ho visto/ne ho viste/le ho viste** dal vivo sono riuscita lo stesso a stupirmi. Poi mi piace il carattere italiano, così libero, indipendente, mentre noi russi, in un certo senso, **li/ci/se ne** dobbiamo ancora liberare. Per le strade **mi/me la/me** sento tranquilla e sicura, mentre a San Pietroburgo, di sera, non avrei certo il coraggio di andare in giro da sola."
(dal "Corriere della Sera")

1.2. Completa.

1) Come vedono Roma i turisti stranieri? Che cosa __________ pensano? Sono veramente contenti della loro vacanza romana? __________ sono soddisfatti?
2) "Non tornerò. _______ è bastata questa esperienza." - risponde Lizzette - "Sono appena stata a Villa Borghese, c'era una statua bellissima, __________ hanno sporcat ____ tutta con scritte di vernice nera. __________ ha fatto sentire male. La gente vive in questa meraviglia di cose antiche e delicate e non __________ rende conto."
3) Sembra molto soddisfatto invece un medico danese, che a Roma __________ era già stato nell'83 e __________ è ritornato adesso, con moglie e figli.
4) Sven Gensz __________ sta seduto sul bordo della Fontana di Trevi a bere un frappè: "Le ragazze romane __________ piacciono ma purtroppo non riesco a conoscer____ nessuna."
5) Ancora più complicato intervistare una coppia di gentilissimi giapponesi a piazza di Spagna. __________ si chiama Fuyumi e dimostra 35 anni; __________ si chiama Hideo, __________ dimostra 40 e non parla inglese. Fuyumi ascolta le domande e __________ traduce al marito. Lui __________ dà le risposte e lei __________ ritraduce. __________ vede che in famiglia, la responsabilità di esprimere giudizi, __________ prende solo il marito."
6) "Da piccola, sui libri di storia, ammiravo le bellezze di Roma, ma quando __________ ho vist ____ dal vivo, sono riuscita lo stesso a stupir____."

2. Completa i dialoghi di Charlie Brown con i pronomi della lista. Attenzione! Uno di questi non è necessario: *lo - me - mi - mi - mi - ti - ti - melo*

3.1. Leggi la lettera di O.B. e la risposta della giornalista Barbara Palombelli.

Italiani all'estero.

GENTILE SIGNORA PALOMBELLI,
LE SCRIVO PER FAR CONOSCERE A LEI E AI SUOI LETTORI UNA SITUAZIONE CHE, COME ITALIANI, CI RIGUARDA TUTTI.
DA QUATTRO ANNI VIVO E LAVORO COME GUIDA TURISTICA IN THAILANDIA, LAOS, CAMBOGIA E VIETNAM E DI OCCASIONI PER NOTARE IL MALCOSTUME DEI COSIDDETTI «TURISTI FAI DA TE» IN QUESTI POSTI NE HO AVUTE MOLTE. IL FATTO DI COMPRARE SOLO IL BIGLIETTO AEREO E VIVERE DI ESPEDIENTI È ORMAI ABITUDINE COMUNE. RUBARE NEI SUPERMERCATI, SCAPPARE DAGLI HOTEL SENZA PAGARE IL CONTO, FARE I «FURBI» IN GENERE È DIVENTATO ORMAI SPORT ABITUALE.
OGNI TANTO LA POLIZIA LOCALE MI CHIAMA PER FARE QUALCHE TRADUZIONE PER GLI ITALIANI ARRESTATI E LE CONFESSO CHE A VOLTE MI VERGOGNO DI ESSERE ANCHE IO ITALIANO; LA POLIZIA SPESSO SE NE ESCE CON ESCLAMAZIONI COME: «ANCORA ITALIANI...», E PERSINO LE GUARDIE DELLE PRIGIONI HANNO IMPARATO QUALCHE PAROLA DELLA NOSTRA LINGUA...
SPESSO IL TURISTA, DOPO AVER PASSATO QUALCHE MESE IN PRIGIONE, RIENTRA IN ITALIA, MA SI GUARDA BENE DAL RACCONTARE LA PROPRIA AVVENTURA. PROBABILMENTE IL FATTO DI SENTIRSI COMPLETAMENTE LIBERI (SENZA UN'AGENZIA DI VIAGGI CHE LI SEGUA E GLI ORGANIZZI IL SOGGIORNO) GLI FA CREDERE DI POTER FARE TUTTO E COSÌ SI COMPORTANO COME FOSSERO IN ITALIA, DOVE, ME LO CONSENTA, SI GODE DI UNA LIBERTÀ MOLTO MAGGIORE CHE IN ALTRI PAESI. QUANDO LA POLIZIA LI ARRESTA E LI CARICA SU UN CAMION SCOPERTO ALLA VISTA DI TUTTI PER PORTARLI IN PRIGIONE, ALLORA SI RENDONO CONTO CHE CON LA LEGGE LOCALE NON SI SCHERZA. SOLO A QUESTO PUNTO SI RIVOLGONO ALL'AMBASCIATA PENSANDO CHE ESSERE ITALIANI GLI PERMETTA DI COMMETTERE REATI IMPUNEMENTE.
SAREBBE MOLTO PIÙ SEMPLICE AVERE UN PO' DI UMILTÀ. QUANDO SI VIENE A VISITARE UN PAESE STRANIERO COSÌ LONTANO E DIVERSO, CI SI DEVE NECESSARIAMENTE INFORMARE SUGLI USI LOCALI, CERCANDO POI DI RISPETTARLI. MENTRE LE SCRIVO QUESTA LETTERA MI COMUNICANO CHE LA NOTTE SCORSA ALTRI SETTE ITALIANI SONO STATI ARRESTATI DALLA POLIZIA PERCHÉ ERANO ANDATI VIA DA UN ALBERGO SENZA PAGARE IL CONTO. LA STORIA CONTINUA.
O.B. (THAILANDIA)

La giornalista Barbara Palombelli risponde.
Mamma mia, che brutte figure. Gli italiani all'estero - bisogna ammetterlo - sembrano sempre in gita scolastica. Che siano in cima al Kilimangiaro, lungo Park Avenue o in Islanda, si preoccupano sempre di due cose soltanto: come e dove mangiare e cosa "prendere" per ricordo... Eppure, le sue descrizioni sembrano incredibili, da commedia all'italiana, appunto. Se le cose stanno come Lei ci racconta, e non ho motivo di dubitarne, poveri noi!
(da "La Repubblica")

1) Nei due testi c'è un verbo pronominale. Quale?
2) Nei due testi c'è una frase con una dislocazione pronominale. Trovala e poi trasformala nella forma "corretta".
3) Nei due testi il pronome "si" è usato molte volte. Sai dire quando in senso riflessivo e quando in senso impersonale?
4) Nei due testi c'è una forma tonica. Quale?

3.2. Ora completa le frasi.

1) Di occasioni per notare il malcostume dei cosiddetti "turisti fai da te" __________ ho avut_____ molte.
2) Ogni tanto la polizia locale __________ chiama per fare qualche traduzione per gli italiani arrestati e __________ confesso che a volte __________ vergogno di essere anche __________ italiano.
3) Probabilmente il fatto di sentir_____ completamente liberi (senza un'agenzia di viaggi che __________ segua e __________ organizzi il soggiorno) __________ fa credere di poter fare tutto.
4) Quando la polizia __________ arresta e __________ carica su un camion scoperto alla vista di tutti per portar_____ in prigione, allora __________ rendono conto che con la legge locale non __________ scherza.
5) Quando __________ viene a visitare un paese straniero così lontano e diverso, __________ deve necessariamente informare sugli usi locali, cercando poi di rispettar_____ .
6) Se le cose stanno come Lei __________ racconta, e non ho motivo di dubitar_____ , poveri __________ !

4.1. Scegli l'espressione giusta e completa i dialoghi di Charlie Brown.

a) mi restituirla;	a) me la; b) ce la; c) la	a) me; b) io; c) te
b) restituirmela;		
c) restituiscimela;	a) ridammela;	
	b) me la ridai;	
a) gliela; b) me la; c) te la;	c) ridarmela;	

4.2. E ora completa i dialoghi di questi altri disegni.

5.1. In questo testo ci sono 4 pronomi sbagliati. Trovali e correggili.

27 anni, insidia donna di 83.

Lui **l'** ha seguita dentro l'ascensore e **le si** è gettato addosso. Ha cercato di toccar**la** e di baciar**la** sulla bocca. **Lei**, forse più sorpresa che spaventata, **l'**ha respinto. **Lui** ha 27 anni, **lei** 83. Sono stati i suoi nipoti a mettere in fuga l'aggressore che **lei** aveva seguita fino alla porta di casa. Subito dopo è stato arrestato. **Si** tratta di B. F., studente in Economia e Commercio.
L'episodio è accaduto ieri pomeriggio alle due, in un palazzo di via Val d'Ala, a Roma. Maria Teresa S., 83 anni portati con grazia, sta rientrando a casa. Chiama l'ascensore per salire al 5° piano. Quando la cabina arriva a terra, un giovane **l'**appare alle spalle all'improvviso e **si** infila dietro di **lei**. Appena la donna preme il pulsante e le porte **si** chiudono lui **l'**afferra e cerca di toccar**la**. "Come sei bella, dam**mi** un bacio", - dice mentre la povera signora cerca di liberar**si** come può. "Ma che fai? Figlio mio, ho 83 anni!", - dice la donna cercando di riportar**lo** alla ragione. Ma quando l'ascensore **si** ferma il ragazzo **la** segue chiedendo**la** di invitar**lo** in casa. L'anziana apre la porta e con mossa rapida **la si** chiude alle spalle. Ma l'uomo **si** attacca al campanello. Quando **si** è visto davanti due uomini, i nipoti della signora, è corso giù per le scale. Più tardi è stato arrestato dalla polizia.
(dal "Corriere della sera")

5.2. Trasforma al passato prossimo usando i pronomi, come nell'esempio.

Un uomo di 27 anni insidia l'anziana signora. Un uomo di 27 anni **l'ha insidiata**.

1) Segue la donna dentro l'ascensore.

2) Si getta addosso alla donna.

3) Dà un bacio alla donna.

4) Dice alla donna: "Come sei bella."

5) La donna respinge l'uomo.

6) Con mossa rapida si chiude la porta alle spalle.

5.3. Rispondi alle domande.

1) Quanti baci ha dato l'uomo alla donna? ____________________ uno.
____________________ tanti.
2) Quanti baci ha dato la donna all'uomo? ____________________ nessuno.
3) Chi ha dato i baci alla donna? ____________________ un uomo di 27 anni.

6.1. Scegli l'espressione giusta.

A 70 anni picchia un ladro.

LI HA VISTO/LI HA VISTI/L'HA VISTI mentre entravano nella sua macchina e **LA/LE/LEI**, W. B., 69 anni, per nulla preoccupata di non essere più giovanissima **GLI/SI/SE N'** è lanciata contro uno dei ladri, **BLOCCANDONE/LO BLOCCANDO/BLOCCANDOLO** fino all'arrivo della polizia.

È successo lunedì sera, poco dopo le 20.30 a Casalpalocco, un quartiere di Roma. La donna aveva parcheggiato la macchina davanti a casa sua e **NE/L'/LEI** aveva lasciata aperta con la borsa in cui c'erano due milioni. Mentre stava aprendo la porta di casa i ladri, che forse **LA/LO/LI** stavano aspettando, sono entrati in macchina. Quando **NE/CI/LI** ha visti la donna non ha avuto esitazioni: è corsa verso di loro e **LO/L'/NE** ha afferrato uno per un braccio, **NE/LO/GLIENE** ha strattonato **RIEMPENDOLO/RIEMPENDOLI/RIEMPENDO LUI** di calci. L'uomo, sbalordito, non ha quasi reagito, **LUI LASCIANDO/ LASCIANDOSI/LASCIANDOLA** trascinare a terra. La donna a quel punto **GLIELO/SI/GLI SI** è buttata addosso continuando a **COLPIRNE/COLPIRSELO/COLPIRLO** con pugni e schiaffi e urlando come un'ossessa.

L'altro ladro intanto ha cercato di approfittare della confusione e **SE L'/LUI/SE N'** è andato con i soldi. Ma subito dopo sono arrivati due poliziotti che **L'HANNO ARRESTATO/LUI HANNO ARRESTATO/HANNO ARRESTATO LUI** e il suo amico. Vedendo i poliziotti, il ladro picchiato dalla donna ha detto: "Finalmente siete arrivati!"

(dal "Corriere della sera")

6.2. Riscrivi le frasi, usando i pronomi e le particelle CI e NE.

La donna aveva parcheggiato la macchina davanti a casa sua. La donna **l'**aveva parcheggiata davanti a casa sua.

1) I ladri stavano aspettando la donna.
2) La donna ha visto i ladri mentre entravano nella sua macchina.
3) Ha bloccato uno dei ladri.
4) Si è buttata addosso al ladro.
5) Ha continuato a colpire il ladro con pugni e schiaffi.
6) Subito dopo sono arrivati due poliziotti che hanno arrestato i ladri.

7.1. Leggi questo testo, sottolinea tutti i pronomi che trovi e poi completa la tabella.

Bambini, anche loro s' innamorano.

Non sono proprio fidanzati, ma amici del cuore. Hanno cinque anni, talvolta anche meno. Hanno però idee molto chiare: "Io e Laura ci sposeremo", annuncia Daniele, 5 anni, della Scuola dell'infanzia La Villetta di Reggio Emilia, "se penso che potremmo non sposarci, mi vengono i brividi nella schiena e divento nervoso". Daniele e Laura sono i protagonisti della storia raccontata nel libro Tenerezza, pubblicato dal Comune di Reggio Emilia. Si guardano, giocano insieme, si tengono per mano. Vogliono stare sempre vicini. "I bambini cominciano molto presto a fare le loro scelte", spiega Deanna Margini, pedagogista. "Già quando hanno due anni sanno con chi stanno meglio, con chi vogliono dividere il loro tempo. Nessuno sa ancora spiegare in che modo si sviluppino queste preferenze. Ed è curioso anche notare che se questi bambini si rincontrano a distanza di anni riprendono dal punto in cui si erano lasciati." Piccoli amori che durano nel tempo, e capaci spesso di superare le barriere dell'età: Michele, 5 anni, si è innamorato in spiaggia di una ragazzina di 14. "Può succedere che ci siano infatuazioni tra un bimbo piccolo e una bambina più grande. Magari a lui piace il sorriso di lei, i suoi capelli lunghi, o forse ammira come nuota, come gioca a pallavolo. Sono comunque rapporti importanti, che poi si ricordano a distanza di tempo."

C'è però una differenza tra il modo in cui il maschietto vive questa "amicizia del cuore" e il modo in cui la vive la femminuccia. "Lui è molto più pratico", spiega Deanna Margini. "Di solito il bambino vuole avere la fidanzatina perché, come ci ha spiegato Daniele, da grande mi deve fare da mangiare. Le femminucce, invece, hanno un approccio molto più profondo, più costruttivo." Lo testimonia Laura, che racconta nel libro: "Con Daniele ero già amica nel Paradiso, me lo ha detto lui ed è la verità. Io credo a tutto quello che mi dice perché gli voglio bene."

E, in tutto questo, come si pongono i genitori? "Bisogna ascoltare i racconti del bambino senza voler intervenire. Non si deve avere timore di una sessualità troppo precoce; è più opportuno un atteggiamento normale, spontaneo. Non è bene dare giudizi di valore o fare confronti." Insomma, il bambino deve sentirsi libero di "potersi raccontare": questo permette anche al genitore di conoscerlo meglio.

(da "Io donna")

PRONOMI DIRETTI (f. atone)	PRONOMI INDIRETTI (f. atone)	PRONOMI COMBINATI	PRONOMI RIFLESSIVI	PRONOMI RECIPROCI	PRONOMI SOGGETTO	PRONOMI TONICI	PARTICELLA CI	SI (impersonale)
			S'INNAMORANO					

7.2. Completa.

1) "Io e Laura __________ sposeremo", annuncia Daniele, 5 anni.

2) Daniele e Laura __________ guardano, giocano insieme, __________ tengono per mano.

3) Di solito il bambino vuole avere la fidanzatina perché, come __________ ha spiegato Daniele, "da grande __________ deve fare da mangiare".

4) "Con Daniele ero già amica nel Paradiso. Ed è la verità. __________ credo a tutto quello che __________ dice perché __________ voglio bene".

5) Il bambino deve sentir_____ libero di "poter_____ raccontare": questo permette al genitore di conoscer_____ meglio.

8.1. Completa il testo con i pronomi della lista.
si-mi-mi-mi-mi-mi-me-me li-me ne-io-io-ti-lo-lo-le-ne-ne-ci-ci si

Ma le zitelle non esistono più.

Single: sinonimo di benessere, indipendenza, libertà. Simona Ventura, soubrette, 31 anni, nata sotto il segno dell'Ariete, __________ spiega che cosa significa per una donna oggi vivere la propria vita autonomamente, senza un uomo o una famiglia accanto.
"Sto benissimo da sola, la famiglia sono __________ . __________ sono fatta la mia casa, i mobili e gli oggetti __________ sono scelti da sola, insomma ho organizzato lo spazio e la mia esistenza come piace a __________ ."
- Com'è la giornata di una single?
"Quando __________ sveglio, la mattina __________ preparo la colazione ascoltando musica. Mangio e arriva il mio segretario, comincia il lavoro e praticamente fino a sera non faccio altro. Ho ritmi serrati, il lavoro __________ interrompo ogni tanto con qualche spuntino. E a sera non sono certo da sola. Esco con gli amici, vado al cinema o a cena fuori. Se sono stanca __________ torno a casa e __________ godo il mio tempo. Faccio quello che __________ va di fare. Sono __________ il capofamiglia."
- Il 15% delle famiglie italiane sono mononucleari, nelle grandi città anche il 30%. Che cosa __________ pensa?
"È diminuita la capacità di comunicare e tra la gente è cresciuta l'indifferenza. Ma non è che __________ ami di meno che in passato. Di indipendenza le donne __________ hanno certamente di più, il matrimonio __________ scelgono liberamente, non è più un destino."
- __________ hanno mai detto: zitella?
"No. Le zitelle non esistono più, se vivi da sola nessuno __________ guarda così. Oggi le ragazze non hanno più bisogno di sacrificar____ per un uomo egoista."
(da "La Repubblica")

8.2. Nell'articolo precedente ci sono 4 dislocazioni pronominali.
Trovale e poi riscrivi le frasi nella forma "corretta".

9. Scegli l'espressione giusta.

Gli oggetti dello status single.

Letto a una piazza e mezza. È comodo e, quando serve, **CI/SE/CI SI** può dormire in due.
Sigarette. Sembra dimostrato che i single fumino come turchi. Qualche sociologo dice che è perché non hanno nessuno che **LO/GLI/GLIELO** dica: "Smetti!"
Telefono. Nella casa dei single **CI/CE NE/CE LI** sono tanti. Alla cornetta **SI/LA/CI SI** può attaccare nei momenti di solitudine.
Valigie. Partire, per i single, è più facile. Loro le valigie **CE LE/GLIEL'/CE NE** hanno sempre pronte.
Cibo. I single cercano sempre cibi che **SI/LI/CI SI** possano preparare velocemente.
Macchina. L'auto del single è piccola, in modo da **POTERCI/POTERSI/POTERLA** muovere facilmente in città.
Colf. **NE/CE L'/LO** hanno anche le coppie, ma per il single è una necessità. In casa sua (specialmente se è un uomo) la colf ha ruoli e poteri determinanti.
(da "La Repubblica")

Guida per l'insegnante

Gli esercizi di questo libro possono essere svolti sia in classe sia a casa dallo studente in autoapprendimento. Qui di seguito riportiamo invece alcune attività destinate specificamente al lavoro in classe.

I PRONOMI DIRETTI LO, LA, LI, LE.

1. Il dialogo dell'esercizio 1.1. a pag.5 può essere sfruttato per una drammatizzazione. Divisi a coppie, gli studenti recitano il dialogo. Da fare dopo aver svolto l'esercizio 1.1, 1.2 e 1.3.
N.B. La drammatizzazione può essere usata anche per tutti gli altri dialoghi del libro.

2. Il lupo, la pecora e i funghi.
L'insegnante divide la classe in due gruppi. Poi fa alla lavagna un disegno simile:

L'insegnante spiega alla classe che il pastore deve trasportare tutti e tre (lupo, pecora e funghi) dall'altra parte del fiume. Però la sua barca può portare solo una cosa alla volta, e se lascia il lupo da solo con la pecora, il lupo mangia la pecora, se lascia la pecora da sola con i funghi, la pecora mangia i funghi. A turno uno studente per ogni gruppo, dopo essersi consultato con i compagni, prova a dare oralmente la soluzione, seguendo questo schema:
Il pastore prende IL LUPO/LA PECORA/I FUNGHI, LO/LA/LI mette sulla barca e LO/LA/LI porta dall'altra parte. Poi torna indietro ecc. ecc.

Nel caso di soluzione sbagliata o di errore grammaticale (per esempio: uso errato dei pronomi), la parola passa all'altro gruppo.
Soluzione: il pastore prende la pecora, **la** mette sulla barca e **la** porta dall'altra parte. Poi torna indietro, prende il lupo, **lo** mette sulla barca e **lo** porta dall'altra parte. Riprende la pecora, **la** rimette sulla barca e **la** riporta dall'altra parte. Prende i funghi, **li** mette sulla barca e **li** porta dall'altra parte. Infine torna indietro, riprende la pecora, **la** rimette sulla barca e **la** riporta dall'altra parte.
N.B. Lo stesso esercizio può essere fatto anche a coppie, facendo giocare gli studenti uno contro l'altro.

I PRONOMI DIRETTI MI, TI, CI, VI.

1. Dopo aver svolto l'esercizio 3 a pag.10:
a) oralmente e a coppie, gli studenti recitano il dialogo, cambiando il sesso dei due interlocutori: invece che due uomini, sono due donne a parlare. Così, "Claudio non mi ama più" diventa "Claudia non mi ama più", con conseguente cambio dei pronomi.
b) una ulteriore variante può essere la seguente: i due interlocutori parlano di una terza persona (uomo o donna) e dei suoi problemi d'amore.
Es.: - Cos'ha Paolo/a? Perché è così triste?
- Claudia/o non lo/la ama più. Lo/la vuole lasciare, ecc.

I PRONOMI DIRETTI E IL PARTICIPIO PASSATO.

1. L'insegnante scrive alla lavagna il testo seguente:
La giornata di Hans.
8.00: ha fatto colazione.
8.30: ha comprato il giornale.
8.45: ha preso l'autobus per andare a scuola.
9.15-12.15: ha seguito le lezioni d'italiano.
13.00: ha mangiato dei panini con gli amici.
14.00: è tornato a casa e ha guardato la tv.
15.00: ha fatto alcune telefonate.
16.00: ha fatto gli esercizi d'italiano.
17.00: ha ricevuto la visita di un amico.
17.30: ha bevuto un tè con lui.
18.30: ha scritto alcune lettere.
20.00: ha preparato la cena e ha mangiato.
21.00: ha incontrato gli amici ad una festa.

a) Divisi a coppie, oralmente gli studenti si pongono domande sulla giornata di Hans.
Es.: A che ora ha fatto colazione? L'ha fatta alle 8.00.
b) Sempre a coppie, gli studenti si fanno a piacere domande personalizzate:
Es.: A che ora hai fatto colazione ieri? L'ho fatta alle 9.00. (o anche, per es.: Non l'ho fatta perché non ho avuto tempo...)

I PRONOMI INDIRETTI.

1. Oralmente e a coppie:
a) gli studenti recitano il dialogo 1.3, a pag.15 cambiando il sesso dei due interlocutori: invece che due uomini, sono due donne a parlare. Così, "Oggi la mia fidanzata mi ha telefonato tre volte" diventa "Oggi il mio fidanzato mi ha telefonato tre volte", con conseguente cambio dei pronomi.
b) una ulteriore variante può essere la seguente: i due interlocutori parlano di una terza persona (uomo o donna) e della sua fidanzata/del suo fidanzato.
Es.: "Oggi la sua fidanzata/il suo fidanzato gli/le ha telefonato tre volte, ecc."

DIRETTO O INDIRETTO?

1. L'esercizio 2.2 a pag.19 può essere svolto oralmente a coppie.

I PRONOMI E LA FORMA DI CORTESIA (LEI).

1. Trasformare dal Tu al Lei il dialogo 1.1. di pag.15 (pronomi indiretti) e il dialogo 1.1. di pag.24 (esercizi di ricapitolazione). Da svolgere oralmente a coppie.

I PRONOMI RIFLESSIVI (I parte).

1. A coppie o in gruppo, gli studenti devono costruire una storia o un dialogo usando il maggior numero possibile di verbi riflessivi tratti dalla seguente lista: svegliarsi, alzarsi, farsi la doccia, farsi la barba, pettinarsi, vestirsi, ammalarsi, innamorarsi, bagnarsi, lavarsi i capelli, sedersi, riposarsi, curarsi, preoccuparsi, sentirsi male/bene, stancarsi, addormentarsi

ESERCIZI DI RICAPITOLAZIONE.

(i pronomi diretti, i pronomi diretti e il participio passato, i pronomi indiretti, i pronomi e la forma di cortesia, i pronomi riflessivi).
1. L'esercizio 2.2 di pag.25 può essere svolto oralmente a coppie.
2. L'esercizio 6 di pag.27 può essere svolto come un gioco a punti tra gruppi. In questo caso l'insegnante consegna a ogni gruppo una busta contenente una frase scomposta in tanti bigliettini di carta. Chi la ricompone per primo guadagna un punto. Si prosegue nello stesso modo con le altre frasi (naturalmente, oltre a quelle riportate a pag.27, possono essere fornite agli studenti altre frasi scomposte, in modo da rendere il gioco più lungo e interessante).
3. L'insegnante scrive alla lavagna la seguente lista:
pasta - carne - pomodori - pesce - frutta - cioccolata - fagioli - carote - formaggio - riso - zucchine - prosciutto - dolci
Oralmente a coppie gli studenti si pongono domande sugli alimenti della lista.
Es.: Ti piace la pasta? Sì, la mangio spesso/No, non la mangio mai. (oppure: Sì, mi piace ma non la mangio mai perché...).
Successivamente si può sviluppare una discussione nella classe sui gusti di ognuno.
Es.: A Thomas non piace la carne perché è vegetariano, io invece la mangio tutti i giorni...

LA PARTICELLA CI.

1. Dopo aver svolto l'esercizio 3 a pag.29, oralmente a coppie gli studenti costruiscono un dialogo simile, cercando di usare una o più volte la particella CI.
2. Dopo aver svolto l'esercizio 4 a pag.29 ed essersi divisi in due o più gruppi, gli studenti scrivono un testo su una città da loro scelta di cui non viene detto il nome. Nel testo si dovrà usare per quanto possibile la particella CI. Successivamente i gruppi si scambiano gli elaborati per la correzione incrociata. Ogni gruppo dovrà poi indovinare il nome della città di cui si parla nel testo scritto dai compagni.

LA PARTICELLA NE.

1. Dopo aver svolto gli esercizi 1.1 e 1.2 a pag.31, oralmente a coppie gli studenti costruiscono un dialogo simile (titolo: "Fare la spesa") cercando di usare almeno due volte la particella NE.
2. Dopo aver svolto l'esercizio 4 a pag.32, oralmente a coppie gli studenti costruiscono un dialogo simile (titolo: "In farmacia"), cercando di usare almeno due volte la particella NE.

I PRONOMI COMBINATI.

1. L'insegnante scrive alla lavagna la seguente lista:
libro - scarpe - fiori - vestito - soldi - gioiello - macchina - mobili - viaggio - candele
Oralmente a coppie gli studenti si pongono domande sugli oggetti della lista.
Es.: Ti hanno mai regalato un libro? No, non me l'hanno mai regalato/Sì, me l'hanno regalato (in questo caso si può anche continuare chiedendo: Chi te l'ha regalato? Me l'ha regalato...) .
Naturalmente la lista può essere arricchita a piacimento con altri oggetti-regalo.

ALTRI PRONOMI COMBINATI.

1. Le frasi (corrette) dell'esercizio 4 a pag.42, scritte su carta, scomposte in varie parti e messe in una busta, possono essere usate anche per un gioco a punti tra gruppi. Per le istruzioni vedi sopra (Guida dell'insegnante, esercizi di ricapitolazione, punto 2).

L'IMPERATIVO E I PRONOMI.

1. Dopo aver svolto l'esercizio 9 a pag.48, a coppie gli studenti elaborano una tabella simile dal titolo "Cinque consigli per imparare l'italiano".
2. Dopo aver svolto l'esercizio 10.1 a pag.49, gli studenti costruiscono un dialogo simile (titolo: "Al ristorante").

ESERCIZI DI RICAPITOLAZIONE.

(la particella ci, la particella ne, i pronomi combinati, altri pronomi combinati, l'imperativo e i pronomi).
1. L'esercizio 3 di pag.53 può essere svolto come un gioco a punti tra gruppi. Per le istruzioni vedi pag.90 (Guida dell'insegnante, esercizi di ricapitolazione, punto 2).
2. Dopo aver svolto l'esercizio 4 a pag.53, a coppie gli studenti trasformano oralmente il dialogo dal TU al LEI, sostituendo "Marco" e "Paolo" con "signor Bianchi" e "signor Pollini".
3. Dopo aver svolto gli esercizi 5.1 e 5.2 a pag.54, a coppie gli studenti inventano un'intervista a un personaggio famoso di cui non viene detto il nome. Ogni coppia dovrà poi recitare l'intervista davanti agli altri studenti, i quali dovranno indovinare il nome del personaggio intervistato.
4. Gli esercizi 7.2, 7.3 e 7.4 a pag.57 possono essere svolti anche oralmente a coppie. Due ulteriori varianti dell'esercizio 7.3 sono: a) un poliziotto che parla a un rapinatore (tu); b) un poliziotto che parla a due rapinatori (voi).

ALTRI USI DI CI E NE.

1. Le frasi (corrette) dell'esercizio 4 a pag.61, scritte su carta, scomposte in varie parti e messe in una busta, possono essere usate anche per un gioco a punti tra gruppi. Per le istruzioni vedi pag.90 (Guida dell'insegnante, esercizi di ricapitolazione, punto 2).

I VERBI PRONOMINALI.

1. A coppie o in gruppo, gli studenti devono costruire una storia o un dialogo usando almeno quattro verbi pronominali.
2. Due ulteriori varianti dell'esercizio 4.1 a pag.68 sono:
a) trasformare dal tu al voi (due persone parlano con Giulia). Es. - Cos'hai Giulia? Sei arrabbiata con noi?
b) trasformare dal tu al voi (due persone parlano con altre due persone). Es: - Cos'avete? Siete arrabbiati con noi?
Naturalmente gli esercizi possno essere svolti oralmente a coppie o in gruppo.

I PRONOMI RIFLESSIVI (II parte).

1. Prima di far svolgere l'esercizio 1.1 a pag.70 l'insegnante può ricopiare la lettera di Traviata 72 su un foglio di carta e farne tante copie quanti sono i gruppi in cui dividerà la classe. Quindi ritaglierà i fogli in modo da scomporre la lettera in varie parti, e metterà i bigliettini così ottenuti in una busta per ogni gruppo. Gli studenti dovranno ricomporre la lettera.

I PRONOMI PERSONALI SOGGETTO, LE FORME TONICHE.

1. Due possibili varianti dell'esercizio 3 a pag.75:
a) trasformare la lettera di Fabio come se fosse stata scritta da una ragazza che parla di un ragazzo.
Es.: L'ho visto per la prima volta due anni fa, ecc.
b) trasformare la lettera di Fabio in un racconto alla terza persona.
Es.: Fabio l'ha vista per la prima volta due anni fa, ecc.

Soluzioni degli esercizi

I PRONOMI DIRETTI LO, LA, LI, LE

Esercizio 1.1 pag. 5: Come **la** vuole; Non **lo** voglio; **la** prendo; **La** posso vedere; **Li** può lasciare; **Li** prendiamo dopo
Esercizio 1.2 pag. 5: lo = bagno; la = camera; La = camera; Li = bagagli; Li = bagagli
Esercizio 1.3 pag. 6: Come **la** vuole; Non **lo** voglio; **la** prendo; **La** posso vedere; **Li** può lasciare; **Li** prendiamo
Esercizio 2 pag. 6: 1/f; 2/i; 3/m; 4/h; 5/n; 6/b; 7/a; 8/d; 9/l; 10/g; 11/c; 12/e
Esercizio 3 pag. 6: 1) lo; 2) la; 3) la; 4) lo; 5) le; 6) li; 7) li; 8) le; 9) lo; 10) li; 11) la; 12) lo; 13) lo
Esercizio 4 pag. 7: 1) **La** guardo tutte le sere. 2) **Li** preparo perché ho fame. 3) **Lo** saluto e vado a casa. 4) **Lo (l')** apro a pagina 17. 5) Aldo **lo** prende alle 7.30. 6) Maria **lo** cucina con le patate. 7) Noi non **li** conosciamo. 8) **Lo** faccio domani. 9) **La** posso aprire? 10) **Le** voglio cambiare, sono troppo strette.
Esercizio 5 pag. 7: 1) il pranzo; 2) le patate; 3) i soldi; 4) i caffè; 5) l'ascensore; 6) Anna e Paola; 7) la cena; 8) gli occhiali
Esercizio 6.1 pag. 7: Lo; lo; La. **Esercizio 6.2 pagina 7:** Li; La; la. **Esercizio 6.3 pagina 7:** Le; Le.
Esercizio 7.1 pag. 8: lo; -lo; le; le; la; la; -li; lo
Esercizio 7.2 pag. 8: 1) Perché nessuno **lo** conosce. 2) **Le** scrivono in volgare fiorentino. 3) No, tutti **la** capiscono ma solo pochi **la** parlano veramente.
Esercizio 7.3 pag. 8: 1) lo; -lo; 2) le; le; 3) la; 4) la; 5) -li; 6) lo

I PRONOMI DIRETTI MI, TI, CI, VI

Esercizio 1 pag. 9: 1) mi; 2) ti; 3) vi; 4) ci; 5) -vi; 6) ti
Esercizio 2 pag. 9: **ti** posso; **mi** accompagna; **ti** porto; **ci** puoi portare; **Vi** ospita; **ci** ospita
Esercizio 3 pag. 10: **mi** ama; **Mi** vuole; Non **lo** so; Non **lo** conosco; Io **lo (l')** amo ancora; **la** chiami; non **mi** vuole

I PRONOMI DIRETTI E IL PARTICIPIO PASSATO

Esercizio 1 pag. 11: 1: b; 2: c; 3: c; 4: b; 5: a; 6: c; 7: b; 8: c
Esercizio 2 pag. 12: 1) chius**a**; 2) pres**a**; 3) pres**o**; 4) cucinat**i**; 5) incontrat**e**
Esercizio 3 pag. 12: 3) No, non l'ho presa; 4) Sì, le ho prese; 5) Sì, l'ho preso; 6) No, non l'ho presa; 7) Sì, li ho presi; 8) Sì, le ho prese; 9) No, non li ho presi; 10) No, non l'ho preso; 11) Sì, l'ho presa.
Esercizio 4 pag. 12: 1) **L'**ha comprat**a** dal macellaio. 2) **Le** ho ricevut**e** la settimana scorsa. 3) Come mai non **l'**avete sentit**o**? 4) Scusa, ma non **l'**ho capit**a**. 5) Quanto **le** hai pagat**e**? 6) **Li** ho salutat**i** e poi sono partito.
Esercizio 5 pag. 13: Personaggio n.1: le ha vint**e**; **l'**hanno portat**o**; **l'**hanno uccis**o**; **l'**ha raccontat**a**. *Il personaggio n.1 è Giulio Cesare.* **Personaggio n. 2:** **l'**ha rappresentat**o**; **li** ha osservat**i**; **li** aveva immaginat**i**; **l'**ha dipint**a**; **l'**avete già vist**o**. *Il personaggio n. 2 è Leonardo da Vinci.* **Personaggio n. 3:** **l'**hanno ascoltat**o**; **le** ha guidat**e**; **l'**ha vist**a**; **Le** ho trovat**e**. *Il personaggio n. 3 è Cristoforo Colombo.*

I PRONOMI INDIRETTI

Esercizio 1.1 pag. 15: mi ha telefonato; dirti; chiedermi; le hanno offerto; le hai consigliato; le ho detto; le danno; ti dispiace; ci farà
Esercizio 1.2 pag. 15: ti; gli; le; ci; vi; gli, gli
Esercizio 1.3 pag. 15: **mi** ha telefonato; dir**ti**; chieder**mi**; **Le** hanno offerto; **le** hai consigliato; **Le** ho detto; **le** danno; **ti** dispiace; **ci** farà
Esercizio 2 pag. 16: 1) le; 2) gli; 3) le; 4) gli; 5) le; 6) gli; 7) mi; 8) ti; 9) le; 10) gli
Esercizio 3 pag. 16: 1) ti; 2) Gli; 3) le; 4) Gli; 5) ci; 6) -gli; 7) Ti; 8) Gli; 9) Le; 10) Vi; 11) Ci; 12) le

DIRETTO O INDIRETTO?

Esercizio 1 pag. 19: 1) ti (indir.); 2) ti (dir.); 3) le (dir.); 4) Le (indir.); 5) Ti (indir.) 6) mi (indir.); 7) l' (dir.); 8) vi (indir.); 9) gli (indir.); 10) mi (dir.); 11) ci (dir.); 12) gli (indir.); 13) vi (indir.); 14) Li (dir.); 15) vi (indir.); 16) le (indir.)
Esercizio 2.1 pag. 19: lo; gli; mi; ti; gli; gli; l'; lo; gli
Esercizio 2.2 pag. 19: a) ..."Chi la desidera?"... "Vuole che le dica qualcosa quando torna?" ... "Vuoi lasciarle un messaggio?" "Sì, le dica che l'ho cercata e che la chiamo stasera, anzi no: le ritelefono nel pomeriggio!"
b) "Buongiorno signora, ci sono Anna e Paola?" "No, in questo momento non ci sono. Chi le desidera?"... "Vuole che gli dica qualcosa quando tornano?" ... "Vuoi lasciargli un messaggio?" "Sì, gli dica che le ho cercate e che le chiamo stasera, anzi no: gli ritelefono nel pomeriggio!"
c) "Buongiorno signora, ci sono Marco e Carlo?" "No, in questo momento non ci sono. Chi li desidera?"... "Vuole che gli dica qualcosa quando tornano?" ... "Vuoi lasciargli un messaggio?" "Sì, gli dica che li ho cercati e che li chiamo stasera, anzi no: gli ritelefono nel pomeriggio!"
Esercizio 3 pag. 20: **Le** ho regalato; **Le** è piaciuta; **l'**ho comprata; **Lo** conosci; **mi** aveva consigliato; far**gli**; **mi** piacevano; **gli** ho comprato; **Gli** servirà; **ti** hanno regalato; **gli** avevo chiesto; pagar**mi**; **mi** hanno pagato
Esercizio 4 pag. 20: mi; -gli

I PRONOMI E LA FORMA DI CORTESIA (LEI)

Esercizio 1 pag. 21: 1) Se va in quel ristorante, Le consiglio di prendere il pesce, sono sicuro che Le piacerà. 2) "Allora, mi scriverà?" "Certo, Le scriverò." 3) Le devo dire una cosa molto importante, ha un minuto? 4) Non La voglio più vedere, ha capito? 5) Ho solo ventimila lire, Le bastano? 6) La ringrazio per quello che ha fatto per me. 7) È una persona meravigliosa, non La dimenticherò mai. 8) Le chiedo scusa, Le prometto che non succederà più. 9) Carlo ha detto che ieri sera L' ha vista a teatro. 10) La posso invitare a casa mia? 11) Le posso offrire un caffè? 12) Le va di guardare un film stasera? 13) Non L'ha salutata perché non La conosce.
Esercizio 2 pag. 22: Mi; lo; lo; Gli; Mi; -Le; Le; Le; Le; lo; La
Esercizio 3 pag. 23: **La** disturbo; **Ti** stavo aspettando; presentar**Le**; conoscer**La**; **Le** ha spiegato; **mi** ha spiegato; **Gli** ho detto; **Gli** ho dato; **La** deluderà; **Le** faccio; **Le** mancherà

I PRONOMI RIFLESSIVI (I parte)

Esercizio 1 pag. 23: Paola si sveglia, **si alza, si lava, si veste.** Antonio e Maria **si svegliano, si alzano, si lavano, si vestono.** Voi **vi svegliate, vi alzate, vi lavate, vi vestite.** Io e mio fratello **ci svegliamo, ci alziamo, ci laviamo, ci vestiamo**

Esercizio 2 pag. 23: 1) **mi** chiamo, **ti** chiami; 2) **si** alza, **si** alzano; 3) **ti** riposi; 4) **ti** siedi, **mi** siedo; 5) **vi** svegliate, **Ci** svegliamo; 6) **mi** sento; 7) **Ti** sbagli, **si** chiama; 8) **ti** vesti, **mi** metto

ESERCIZI DI RICAPITOLAZIONE

Esercizio 1.1 pag. 24: Mario: / ; Francesca: **mi** ha detto; **mi** hai chiamato; **ti** ho telefonato; per dir**ti**; **Ti** va; **mi** piace; mamma: / ; Rita: non **l'**ho ancora sentita; **La** puoi chiamare; **le** telefono; Arturo: **Gli** ho appena telefonato

Esercizio 1.2 pag. 24: DIRETTI: **mi** hai chiamato; non **l'**ho ancora sentita; **La** puoi chiamare; INDIRETTI: **mi** ha detto; **ti** ho telefonato per dir**ti**; **Ti** va; **mi** piace; **le** telefono; **Gli** ho appena telefonato

Esercizio 1.3 pag. 25: **mi** ha detto; **mi** hai chiamato; **ti** ho telefonato; per dir**ti**; **Ti** va; **mi** piace; non **l'**ho ancora sentita; **La** puoi chiamare; **le** telefono; **Gli** ho appena telefonato

Esercizio 2.1 pag. 25: **Mi** dispiace; **la** posso trovare; **Le** posso lasciare; **le** devo dire; **Le** dica; ritelefonar**mi**; **La** ringrazio

Esercizio 2.2 pag. 25: "Mi dispiace, Carlo non c'è." "Quando lo posso trovare?" ... "Gli posso lasciare un messaggio?" "Certo, cosa gli devo dire?" "Gli dica che ho chiamato..."

Esercizio 3 pag. 25: ~~gli hai già comprati~~/**le** hai già comprat**e**

Esercizio 4 pag. 26: **lo** vede; **gli** domanda; **Mi** scusi; **Le** è successo; **gli** risponde; **Mi** può aiutare; trovar**le**; **le** ha pers**e**; **le** cerca

Esercizio 5 pag. 26: a): l'; gli; l'; si; lo; l'. *Cos'è: il fascismo.* b): si; -li; -li; gli; l'. *Cos'è: il terrorismo.* c): -si; -le; l'. *Cos'è: la dolce vita.*

Esercizio 6 pag. 27: Ho preso i bambini e li ho portati a casa; Ugo non beve mai il vino perché non gli piace; Mi scusi, Le posso fare una domanda?

Esercizio 7 pag. 27: MARIA. Ieri ho telefonato a Maria. Le ho chiesto se era libera e l'ho invitata a cena da me. Le ho preparato una cena a base di pesce, perché so che le piace molto. Poi le ho raccontato il mio viaggio in Cina e le ho mostrato le fotografie che avevo fatto. Le voglio molto bene. La conosco da tanti anni, è la mia migliore amica.

IL CONTROLLORE. Stamattina sull'autobus è salito il controllore. Quando l'hanno visto, due ragazzi hanno cercato di scendere. Ma il controllore li ha fermati e gli ha chiesto di mostrargli il biglietto. Naturalmente i due ragazzi non l'avevano fatto. Allora il controllore gli ha detto che dovevano pagare una multa. Ma i ragazzi non avevano né soldi né documenti. "Siamo disoccupati, non mangiamo da due giorni", gli hanno detto. E così non l'hanno pagata.

PEPPE E LUISA. Domenica vado al matrimonio di Peppe e Luisa. Li ho conosciuti tre anni fa, a casa di Giulio. In quel periodo stavano già insieme. Luisa era innamoratissima, Peppe invece non l'amava; perciò diceva che non gli piaceva molto e che non l'avrebbe mai sposata. E infatti dopo un po' l'ha lasciata. Allora per dimenticarlo Luisa è partita per Londra e non l'ha più visto per molto tempo. Non gli ha mai telefonato e non gli ha mai scritto. Da quel momento Peppe ha cambiato idea: ha cominciato a dire che Luisa era la donna della sua vita e che non poteva vivere senza di lei. Perciò è andato a Londra a cercarla . Quando l'ha trovata, le ha proposto di diventare sua moglie. Così è l'amore.

LA PARTICELLA CI

Esercizio 1 pag. 28: 1) No, non ci lavoro più. 2) No, ci andiamo ad agosto. 3) Ci abita un avvocato. 4) Sì, ci sono andato. 5) No, non ci ho trovato niente. 6) No, ci siamo rimasti solo pochi giorni. 7) Ci voglio mettere questo quadro. 8) Sì, ci sono stato due volte.

Esercizio 2 pag. 28: 1) Ci passiamo alle sette. 2) Ci vado con Giulietta. 3) Ci hai messo l'olio? 4) Ci sono stato l'estate scorsa. 5) Non ci voglio più tornare, ho paura. 6) Anche Sergio c'è (ci è) andato. 7) Ieri sera ci sono andato presto. 8) Mi piacerebbe ritornarci, è un bel paese.

Esercizio 3 pag. 29: Con chi **ci** vai; **Ci** vado; **Ti** va; **l'**abbiamo invitato

Esercizio 4 pagina: -vi; ci; vi; -ci; -ci; -la; ci; vi; ci; si; ci; si; ci. *La città è Venezia.*

Esercizio 5 pagina: FELICE. Come ogni mattina, anche oggi Felice è andato alla stazione. Ma non ci è andato per prendere il treno né per lavorare. Che cosa ci fa allora? Se gli fate questa domanda, lui risponde: "Ci vengo perché ci sono i treni. Mi piace guardarli quando partono e quando arrivano. E poi osservo i viaggiatori: cerco di capire dove vanno, da dove vengono." Felice passa in questo modo tutta la mattina. Verso mezzogiorno è quasi ora di andare a casa. Ma prima di tornarci, Felice si ferma a salutare l'uomo della biglietteria. "Ciao Felice, anche oggi vuoi un biglietto per il Brasile?" "No, ho deciso che non ci vado più, fa troppo caldo." - risponde Felice - "Oggi voglio andare in Australia."
"Mi dispiace Felice, ma i biglietti per l'Australia sono finiti." - dice l'uomo della biglietteria. Allora Felice lo guarda con aria un po' delusa e poi gli dice: "Va bene, non importa. Vuol dire che ci andrò la prossima volta!"

LA PARTICELLA NE

Esercizio 1.1 pag. 31: lo prende; ne prendo; Le serve; mi consiglia; Le piace; Le consiglio; ne posso; l'hanno portata; ne prendo; la prendo; mi serve; Le faccio

Esercizio 1.2 pag. 31: a) No, ne compra metà. b) Ne assaggia un pezzo. c) La compra tutta.

Esercizio 2 pag. 31: 1) Ne; 2) ne; 3) Le; 4) ne; 5) Ne; 6) lo; 7) ne; 8) a: Ne; b: Li

Esercizio 3 pag. 32: 1) Non ne parlo molte. 2) Marco ne vuole un po'. 3) Tu ne mangi troppa. 4) Antonio li guarda tutti. 5) Ne volete comprare un'altra? 6) Ne lascio due al deposito bagagli. 7) La cameriera le pulisce tutte in due ore. 8) Non ne conosco nessuna a Napoli.

Esercizio 4 pag. 32: Le; Le; Le; ne; ne; Le; lo; l'; -ne; ne

Esercizio 5 pag. 32: ci; ne; vi; -vi; ne; l'; le; -li; ne; la. *La città è Napoli.*

Esercizio 6 pag. 33: 1: b; 2: c; 3: a; 4: c; 5: c; 6: b

Esercizio 7 pag. 33: 1) Mi dispiace, non **ne** ho più, **le** ho fumat**e** tutte. 2) a: Sì, **le** ho trovat**e**. b: No, **ne** ho trovat**a** solo una. 3) a: No, non **li** hanno ancora liberati. b: Sì, **li** hanno liberati tutti. c: No, **ne** hanno liberat**o** solo uno. 4) a: **Ne** abbiamo fatti pochi. b: Non **ne** abbiamo fatto nessuno. c: **Ne** abbiamo fatt**o** uno. 5) a: Tre: **ne** ho vint**e** due e **ne** ho pers**a** una. b: Tre: **le** ho vint**e** tutte. 6) a: Non **li** ho dat**i** a nessuno. b: **Ne** ho dat**o** uno a Marco e uno a Luca. c: **Ne** ho dati tre a Marco e uno a Luca. d: **Li** ho dati tutti a Marco.

I PRONOMI COMBINATI

Esercizio 1 pag. 35: 1/c; 2/a; 3/d; 4/b; 5/d; 6/d; 7/a; 8/b; 9/c; 10/a

Esercizio 2 pag. 35: 1/d; 2/e; 3/b; 4/h; 5/a; 6/g; 7/c; 8/f

Esercizio 3 pag. 35: 1: c; 2: c; 3: c; 4: a; 5: c; 6: a; 7: a; 8: b

Esercizio 4 pag. 36: 1) Glielo; 2) te lo; 3) gliel'ho dato; 4) te li ho portati; 5) Te lo; 6) ve la; 7) Me l'ha consigliato; 8) gliela; 9) Ce l'ha comunicata; gliel'abbiamo comprato

Esercizio 5 pag. 37: te l'; me l'; l'; mi; l'; mi; glieli; -glieli; me li; lo; l'; gliel'; gli; ti; l'; l'

Esercizio 6.1 pag. 38: scriver**ti**; non **mi** rimane; dir**ti**; **mi** piace; **Te la** descrivo; **la** taglia; **ne** scopro; **mi** hanno detto; **me l'**ha consigliata; **ci** lavora; **ci** hanno invitato; **ce li** hanno offerti; offrir**gli**; **ce l'**hanno permesso; **li** inviteremo; **te le** dirò; trovar**mi**; **me l'**hai promesso; **Gliel'**ho già detto; **Ti** aspetto; **me lo** potresti; **Mi** aveva chiesto; mandar**gliela**

Esercizio 6.2 pag. 38: 1) Sì, le piace; 2) Gliel'ha consigliata Carolina perché ci lavora una sua amica; 3) Perché glieli hanno offerti Fabio e Piero; 4) Perché loro non gliel'hanno permesso.

ALTRI PRONOMI COMBINATI

Esercizio 1 pag. 40: 1: c; 2: a; 3: c; 4: c; 5: a; 6: b; 7: c; 8: c; 9: b

Esercizio 2 pag. 41: 1) Tutte le domeniche gliene compro tre. 2) Ada ce li accompagna ogni mattina. 3) Se hai freddo, posso dartene (te ne posso dare) un'altra. 4) Va bene, ti ci porto con la mia Vespa. 5) Di solito ce ne metto poco. 6) Non ce lo metto mai. 7) Va bene, signor direttore, Glielo porto subito. 8) Prima di mangiare Mario se le lava sempre.

Esercizio 3 pag. 42: 1) -cene; 2) Vi ci accompagno; 3) ti ci; 4) Mi ci; 5) Me ne sono rimasti; 6) a: Ce ne sono quattro; b: Non ce n'è nessuno; 7) a: Ce le ho messe tutte; b: Ce ne ho messa solo una. c: Non ce ne ho messa nessuna.

Esercizio 4 pag. 42: 4) Non ho finito gli esami, me ne mancano ancora due. 7) Avevo il treno alle quattro, ma sono arrivato tardi e l'ho perso. 9) A Carlo non piace vivere a Roma, io invece mi ci trovo benissimo. 13) Luigi le aveva chiesto un favore ma lei non ha voluto farglielo. 14) Non trovo più i calzini. Dove li hai messi?

Esercizio 5 pag. 43: **me la** fai; **ti ci** porto; **Ti** va; **ce li** accompagna; **mi (mi ci)** accompagni; **li** portiamo; **L'**hai trovat**a**; **me l'**ha trovat**a**; **mi** ero rivolta; **mi** hanno fatto vedere; non **me ne** piaceva; **mi** è capitat**a**; **ti** ricordi; **si** occupa; diriger**lo**; star**ci**; **Ci** abiti; **ci** sono andata; **ti (ti ci)** trovi; **Ce ne** sono due; **c'**è il terrazzo; **mi** aveva chiesto; **gliene** ho offert**e**; **me l'**ha dat**a**

L'IMPERATIVO E I PRONOMI

Esercizio 1 pag. 46: 1/g; 2/l; 3/a; 4/e; 5/b; 6/f; 7/c; 8/d; 9/i; 10) h

Esercizio 2 pag. 46: 1/l; 2/a; 3/o; 4/b; 5/r; 6/c; 7/m; 8/f; 9/n; 10/p; 11/d; 12/i; 13/e; 14/q; 15/h; 16/g

Esercizio 3 pag. 46: 1) leggilo; 2) telefonale; 3) compratela; 4) prendiamolo; 5) chiedigliela; 6) sentitelo; 7) lasciagliele; 8) preparagliela; 9) mettetecele; 10) vediamoli; 11) prestameli; 12) portacela

Esercizio 4 pag. 47: 1) vacci; 2) dammelo; 3) fateli; 4) falla; 5) digliela; 6) stacci; 7) andateci; 8) diamogliela; 9) daccelo; 10) faccelo; 11) dilla; 12) dimmela

Esercizio 5 pag. 47: 2) non le telefonare/non telefonarle; 3) non la comprate/non compratela; 4) non lo prendiamo/non prendiamolo; 5) non gliela chiedere/non chiedergliela; 6) non lo sentite/non sentitelo; 7) non gliele lasciare/non lasciargliele; 8) non gliela preparare/non preparargliela; 9) non ce le mettete/non mettetecele; 10) non li vediamo/non vediamoli; 11) non me li prestare/non prestarmeli; 12) non ce la portare/non portarcela

Esercizio 6 pag. 47: 2) non me lo dare/non darmelo; 3) non li fate/non fateli; 4) non la fare/non farla; 5) non gliela dire/non dirgliela; 6) non ci stare/non starci; 7) non ci andate/non andateci; 8) non gliela diamo/non diamogliela; 9) non ce lo dare/non darcelo; 10) non ce lo fare/non farcelo; 11) non la dire/non dirla; 12) non me la dire/non dirmela

Esercizio 7 pag. 47: 1) lo aspetti; 2) la faccia; 3) me la dia, 4) ci vada; 5) glielo faccia; 6) lo salutino; 7) me la dica; 8) ci stia; 9) li comprino; 10) ce lo dia

Esercizio 8 pag. 47: 2) non la faccia; 3) non me la dia; 4) non ci vada; 5) non glielo faccia; 6) non lo salutino; 7) non me la dica; 8) non ci stia; 9) non li comprino; 10) non ce lo dia

Esercizio 9 pag. 48: 2) **bevine** poco; **bevetene** poco; **ne beva** poco; 3) **non le prendere/non prenderle; non le prendete/non prendetele; non le prenda;** 4) non **ci andare** tardi/non **andarci** tardi; non **ci andate** tardi/non **andateci** tardi; non **ci vada** tardi; 5) **vacci** a piedi; **andateci** a piedi; **ci vada** a piedi; 6) non **la usare**/non **usarla**; non **la usate**/non **usatela**; non **la usi**; 7) **fanne** molto; **fatene** molto; **ne faccia** molto; 8) **risolvili** con calma; **risolveteli** con calma; **li risolva** con calma; 9) non **ti arrabbiare**/non **arrabbiarti**; non **vi arrabbiate**/non **arrabbiatevi**; non **si arrabbi**

Esercizio 10.1 pag. 49: Chiamalo; chiedigli; Ci venga; Scusatemi; ci porti; Ce la porti; Non si preoccupi; Mi dia; ce ne porti; vi consiglio; Provatelo; lo proviamo; dimmelo; facciamocene; Mi dai; prendila; Non preoccuparti; te l'offro; ti amo; la prendete; la prendiamo; non prenderlo; non lo bevo; Non ve lo porto; non ce lo porti; ci porti; Non ci faccia

Esercizio 10.2 pag. 50: Chiamalo; chiedigli; Chiediglielo; Vacci; Ci venga; sbrigati; dammi; ti permetto; Calmatevi; si intrometta; Mi consigli; Me ne porti; Fammi; ti preoccupare/preoccuparti; prendila; Dillo; mi fai; (Ce) ne porti

Esercizio 10.3 pag. 51: chiamalo; chiamiamolo; chiamatelo; lo chiami; portacene una; /; portatecene una; ce ne porti; non ti preoccupare/non preoccuparti; non ci preoccupiamo/non preoccupiamoci; non vi preoccupate/non preoccupatevi; non si preoccupi; dammelo; /; datemelo; me lo dia; portali; portiamoli; portateli; li porti; non ce lo portare/non portarcelo; /; non ce lo portate/non portatecelo; non ce lo porti; vacci; / ; andateci; ci vada; fammelo vedere; /; fatemelo vedere; me lo faccia vedere; non la prendere/non prenderla; non la prendiamo/non prendiamola; non la prendete/non prendetela; non la prenda

ESERCIZI DI RICAPITOLAZIONE

Esercizio 1.1 pag. 52: si; mi; -la; -ne; l'; l'; le; ne; ne; mi; ti; mi; ti; le; mi; mi

Esercizio 1.2 pag. 52: 1) Gli aveva detto di non mangiarla tutta e di lasciarne un po' anche alla sorella. 2) Le ha chiesto se ne voleva un po' (se voleva un po' di torta); 3) Non ne era rimasta neanche una fetta

Esercizio 1.3 pag. 52: 1) mangiar**la** tutta; lasciar**ne**; 2) **l'**ho ascoltat**a**; **l'**ho finit**a**; 3) **le** ha chiest**o**; **ne** voleva un po'; **ne** era rimast**a**; 4) mangiar**la**; **mi** hai voluto

Esercizio 2 pag. 53: mi; lo; ci; li; ne; mi; ci
Esercizio 3 pag. 53: Certo che conosco Napoli, ci ho vissuto dieci anni!; Volevo due biglietti per il concerto ma ne ho trovato solo uno; Molte donne lo hanno amato ma lui non ne ha sposata nessuna
Esercizio 4 pag. 53: -li; glieli; mi; ti; te li; -li; Me li; te ne; te ne; l'
Esercizio 5.1 pag. 54: **La** posso; **Mi** può; **La** definiscono; **lo** chiama; **Le** ha dato, **ne** ho ricevuti; **l'**ha chiamato; **l'**ho fatto; **li** avevo diretti; **l'**avevo realizzato; **ne** avevo fatti; **si**; **Le** piace; **li** amo tutti; **Lo** conoscono; **Ci** sono; **lo** capirono; **ci** fu; **ci/mi** vuole parlare; Non **lo** sa; **ci** sono
Esercizio 5.2 pag. 54: *Il personaggio è Federico Fellini. Il film di cui si parla nell'intervista è "La dolce vita".*
Esercizio 6.1 pag. 55: -la; se la; si; si; si; si; gli; gli; me la; toccarla; la; glielo diciamo; essergli; glielo diciamo; essersi; la, la
Esercizio 6.2 pag. 55: 1) Prima di spegnere la luce l'accarezzava. 2) Ma una notte un ladro molto silenzioso gliela tolse. 3) Maestà, dove l'hai messa? - gli domandò il fedele Topo Maggiordomo. 4) In testa, sai bene che non me la tolgo mai. - gli rispose il Topo Re. 5) Cosa facciamo? Glielo diciamo? - domandò il fedele Topo Maggiordomo. 6) No, non glielo diciamo. - disse la Regina dei Topi. 7) Il Topo Re non saprà mai di non avercela più (non lo saprà mai).
Esercizio 6.3 pag. 56: non te la togliere/non togliertela; non ce la togliamo/non togliamocela; non ve la togliete/non toglietevela; non se la tolga; mettitela; mettiamocela; mettetevela; se la metta; infilatici; infiliamoci; infilatevi; ci si infili; togliglela; togliamogliela; toglietegliela; gliela tolga; non glielo dire/non dirglielo; non glielo diciamo/non diciamoglielo; non glielo dite/non diteglielo; non glielo dica; dimmelo; /; ditemelo; me lo dica; dammela; /; datemela; me la dia
Esercizio 7.1 pag. 56: Mi dica; **Mi** creda; **me la** faccia; Ecco**la**; **Mi** crede; **Mi** scusi; **gliel'**ho chiesto; **mi** dia; Quanti **ne** vuole; **Gliel'**ho detto; **Li** vuole; **Me li** dia; **si** sbrighi; **Le** spari; non **mi** spari; **li (Glieli)** prendo; **Gliene** do; **Ce la** metta; dar**Le**; prender**li**; **Ci** vada; **Le** sparo; Non **lo** faccia; **La** prego; **Si** calmi; **Vi** volete; dar**mi**; **Glieli** dia; non posso dar**glieli**; non **glieli** dia; **gli** spari; **si** prenda; muovete**vi**
Esercizio 7.2 pag. 57: "Tu hai un conto..." ... "Scherzi?" "Credimi, non sto scherzando..." "Allora fammela vedere..." "Eccola. Ci credi, adesso?" "Sì, va bene. Scusami se te l'ho chiesto..." "Capisco, adesso dammi i soldi..." "Quanti ne vuoi?" "Te l'ho detto..." "Li vuoi in contanti o preferisci un assegno?" "Niente assegni. Dammeli tutti in contanti. E sbrigati, se non vuoi che ti spari." "No, non spararmi! Adesso li (te li) prendo subito. Te ne do duecento, va bene?" "Va bene, ma fai presto." "...prima però dovresti mettere una firma qui." "Tu sei pazzo..." "Metticela, per favore. Altrimenti non posso darti i soldi." "Vai a prenderli subito. Vacci subito o ti sparo!" "Non farlo, ti prego. Sii ragionevole. Calmati un attimo e poi firma qui." ... "Ehi, tu! Che cosa aspetti? Daglieli! Non vedi che ha una pistola?" ... "E allora non darglieli. E tu, sparagli e prenditi i soldi..."
Esercizio 7.3 pag. 57: Fermati; ti muovere/muoverti; daccela; tienile; Girati; Dicci. **Esercizio 7.4 pag. 57:** Si fermi; si muova; ce la dia; le tenga; Si giri; Ci dica. **Esercizio 7.5 pag. 57:** Fermatevi; vi muovete/muovetevi; datecela (datecele); tenetele; Giratevi; Diteci

ALTRI USI DI CI E NE
Esercizio 1 pag. 60: 1) ne; 2) Ci; 3) Se ne; 4) ci; 5) ne; 6) -ne; 7) ci; 8) ci; 9) ce l'; 10) Ne
Esercizio 2 pag. 60: 1) Luca mi ha detto che ci contava molto. 2) Stacci attento! 3) Non voglio saperne (ne voglio sapere) niente. 4) Quando ne avrai bisogno, te la darò. 5) Non ne avevo voglia, e così non l'ho chiamato. 6) Mi dispiace, me ne sono dimenticato. 7) Matteo ci pensa sempre. 8) Perché non ci credi? Ti ho detto la verità! 9) Anche la televisione ne ha parlato. 10) Quando ne sono uscito ero stanchissimo.
Esercizio 3 pag. 61: vi; ne; ve ne; vi ci; la; ci; ne; ne; ne; ne; vi; eccovi; l'; le; ci; ci; compratevi; ne. *La regione è la Sicilia.*
Esercizio 4 pag. 61: 4) "Tu credi in Dio?" "Sì, ci credo." 8) "Non solo non amo i cani, ma ne ho anche una grande paura!" 10) "Questo vino è eccezionale. Provalo, non te ne pentirai."
Esercizio 5 pag. 62: ci provo; **ci** riesco; **te ne** intendi; **Ne** sei sicuro; **ci** giurerei; saper**lo**; **Ce l'**hai; Non **lo** so; **ci (ne)** capisco; aver**celo** (aver**lo**); ecco**lo**; **lo** facciamo; **ce lo** dirà; **L'**ha trovato; toglier**lo**; **Ci** pensa; **ti** preoccupare; **ce ne** siamo accorti; sta**cci**
Esercizio 6 pag. 62: È la storia di Mattia, un uomo che vive con la moglie e la suocera. La sua vita è come quella di tanti, ma lui non ne è soddisfatto e vuole cambiarla: il suo lavoro non gli piace, la suocera lo tratta male e la moglie non lo ama. L'unica sua gioia sono le due figlie gemelle, ma il destino non gli è favorevole e gliele toglie subito: la prima muore appena nata, la seconda dopo un anno.
Un giorno Mattia, stanco di tutto questo, decide di andare a Montecarlo a tentare la fortuna al gioco. Questa volta il destino è dalla sua parte: infatti vince molti soldi. Mentre torna a casa legge sul giornale la storia della sua morte: per sbaglio sua moglie l'ha riconosciuto nel cadavere di un uomo trovato dalla polizia. Adesso tutti lo credono morto così lui pensa di approfittarne, decide di abbandonare la vecchia vita e di cominciarne una nuova, ricco, libero, senza moglie e senza suocera. Cambia il suo nome (si fa chiamare Adriano Melis) e va a vivere a Roma. Qui conosce Adriana, una giovane donna, e se ne innamora. Ma quando decide di sposarla scopre che non è possibile. Infatti per il matrimonio gli servono i documenti, ma lui non li ha. Il suo nome non risulta da nessuna parte, adesso è un uomo senza identità, senza esistenza ufficiale. La sua vita diventa sempre più difficile: ha ancora un po' di soldi, ma qualcuno glieli ruba e allora decide di tornare alla vecchia città. Qui però tutto è cambiato: la moglie ha sposato un altro e quando Mattia le chiede di tornare con lui, lei gli risponde che non vuole più saperne. Così Mattia è di nuovo solo. Triste, respinto da tutti, non gli rimane che andare a visitare la sua tomba. *Il romanzo è "Il fu Mattia Pascal" di Luigi Pirandello.*

I VERBI PRONOMINALI
Esercizio 1 pag. 65: a) **ce l'hai** = sei arrabbiata; **te la spassi** = ti diverti; **te ne frega** = ti interessa; **te la prendi** = ti offendi; **Ci ho messo** = ho impiegato; b) **me la passo** = sto; **se n'è andata** = è andata via; **me ne importa** = mi interessa; **ce l'ho messa tutta** = ho fatto il possibile; **smettila** = finisci; **fattene una ragione** = rassegnati, c) **Ce la fai** = riesci; **ci vuole** = è necessaria; d) **me la sento** = ho il coraggio; e) **me la sono vista brutta** = ho passato un momento difficile; **me la sono cavata** = sono riuscito a risolvere il problema
Esercizio 2.1 pag. 66: *verbi come metterci:* ci sente (inf. sentirci); ci ho visto (inf. vederci); ci ha messo (inf. metterci); *verbi come smetterla: /; verbi come fregarsene:* se ne vada (inf. andarsene); me ne vado (inf. andarsene); me ne importa (inf. importarsene); *verbi come prendersela:* se l'è legata (inf. legarsela); ce la caveremo (inf. cavarsela); *verbi come farcela:* ce l'ho messa (inf. mettercela); ce l'ha... avuta (inf. avercela); ce la facevo (inf. farcela)
Esercizio 2.2 pag. 67: chieder**gli**; convincer**lo**; **ce l'**ho messa; **gli** ho anche detto; comprar**ci**; non **ci** sente; dir**mi**; **ci** ho visto; **l'**ho preso; **gli** ho detto; **ci** ha messo; render**si**; **se ne** vada; **Me ne** vado; **ce l'**ha sempre avuta; **lo** confessi, **se l'**è legata; **me ne** importa; **ce la** facevo; **mi** ha chiesto; **l'**ha saputo; **le** ho risposto; abbracciando**la**; **ce la** caveremo
Esercizio 3 pag. 67: 1) smettila; 2) ci vuole; ci metto; 3) me la sono cavata; 4) te la passi; ce la faccio; 5) me la sono sentita (me la sentivo); ce ne siamo andati; 6) ci senti; 7) Ci hai messo; 8) Me la sono vista; 9) ce la faccio
Esercizio 4.1 pag. 68: vattene; prendertela/te la prendere; te la caverai; te la sei presa; Smettila; ci senti; Me ne vado
Esercizio 4.2 pag. 68: se ne vada; la; se la prenda; -la; Mi lasci; se la caverà, se l'è presa; La smetta; -si; Le; ci sente; Me ne vado

Esercizio 5 pag. 68: smetterla

I PRONOMI RIFLESSIVI (II parte)

Esercizio 1.1 pag. 70: *riflessivi:* laurear**si**; **mi** sono innamorata; **si** chiama; **si** è rimesso; **mi** sono... arrabbiata; *rifl. reciproci:* **ci** vediamo; **ci** vediamo; **ci** incontriamo; saluta**rci**; ama**rci**; lascia**rci**; **ci** rivediamo; **ci** sentiamo; vede**rci**; separa**rci**; *rifl. enfatici:* **me lo** sogno; *diretti:* **mi** assicura; amar**mi**; **la** lascia; **l'**ho voluto rivedere; **mi** abbraccia; perder**la**; far**mi** soffrire; dimentica**rlo**; *indiretti:* **mi** dice; **gli** ho dato; **mi** dice; **mi** parla; **gli** dispiace; **gli** permette; chiedendo**mi**; **mi** sembra

Esercizio 1.2 pag. 71: 1) **ci** vediamo; **si** chiama; **mi** assicura; amar**mi**; **la** lascia; 2) **Mi** sono così arrabbiata; **l'**ho voluto rivedere; **gli** ho dato; 3) **Ci** sentiamo; **mi** parla; perder**la**; vede**rci**; **gli** dispiace; far**mi**; 4) separa**rci**; **Me lo** sogno, dimentica**rlo**; **mi** sembra

Esercizio 2 pag. 71: ti; mi; mettermi; Ti; mi si; mi ha dato; me le sono prese; curarti; mi; ti; ti; ci siamo visti; me ne sono fumate; farmi arrabbiare; vammi

Esercizio 3 pag. 71: 1) Io e Marco ci siamo bevuti tutta la bottiglia. 2) Ieri sera ti sei perso/a un bellissimo film in tv. 3) I ladri si sono portati via tutto. 4) Antonio si è fatto una bella dormita. 5) La torta è finita, me la sono mangiata tutta. 6) Se quella casa fosse stata meno cara, ce la saremmo comprata subito. 7) I soldi non ci sono, se li è presi Carla. 8) Allora ragazze, cosa vi siete comprate?

I PRONOMI PERSONALI SOGGETTO - LE FORME TONICHE

Esercizio 1 pag. 74: a) tu; tu; io; voi; io; lui; b) io; lei; tu; io; io; voi

Esercizio 2 pag. 74: 1) te; 2) me; voi; 3) lui; 4) te; me; 5) Lei; 6) te; 7) loro; 8) Lei; 9) noi; 10) te; 11) noi; 12) te (noi); 13) loro; 14) voi; 15) voi (Loro); 16) noi

Esercizio 3 pag. 75: *pron. pers. soggetto:* **lei** seguiva; **io** sono timido; **lei** si siede; **io** le chiedo; **io** penso; quando **lui** non c'è; **io** faccio; **lei** si tira indietro; **lei** ama; **tu** stesso; *forme toniche:* proprio me; vicino **a me**; sempre **a lei**; insieme **a lui**; anche **me**; ama **lui**; non **me**; solo **te**; *forme atone:* **l'**ho vista; **le** avessi detto; **la** rivedo; guardar**mi**; conoscer**mi**; **le** chiedo; **glielo** chiedo; **la** rivedo; **mi** sorride; cercar**mi**; conquistar**la**; **mi** dicono; lasciar**la**; **mi** vedrà; **mi** correrà; **l'**hai detto; **le** sfugge; **ti** resta; evita**la**; ignora**la**; *riflessivi:* **ci** presentiamo; **si** siede; **si** mostra; **si** tira indietro; mostra**ti**; *pronominali:* **ce la** fai

Esercizio 4 pag. 76: 2) Si; 6) Dice a me; 8) dico a Lei; 11) a me; 13) Lui; 17) Lei; 20) Mi lasci passare; 24) mi faccia vedere; 26) sono io; 28) A me; 33) Mi conoscono; 35) Stai zitta tu; 38) lasciami parlare; 42) parli io; 43) voleva offenderLa; 47) ci facesse entrare; 51) facessi entrare voi; 53) Lei ha ragione; 57) vi suggerisco; 58) vi faranno passare; 61) ci scusi

Esercizio 4 pag. 77: 3) Beato te che sei sempre allegro! Ma come fai? Io non ci riesco. 7) Se non sei pronta preparati, è quasi ora di uscire. 9) Non voglio vedere né lui né te. Lasciatemi in pace. 10) Aspettatemi, vengo anch'io! 13) Sapete dov'è la mia borsa? Sì, l'abbiamo presa noi!

ESERCIZI DI RICAPITOLAZIONE GENERALE

Esercizio 1.1 pag. 81: ne; Ne; Mi; me; l'; Mi; se ne; ci; ci; Ci; se ne; me l'; scambiarci; conoscerne, saperlo; ne; le; le; ce le; se la; si; Si; ci; Ne; mi; le ho viste; ci; mi

Esercizio 1.2 pag. 82: 1) ne; Ne; 2) Mi; **l'**hanno sporcat**a**; Mi; se ne; 3) ci; ci; 4) se ne; mi; -ne; 5) Lui; lei; ne; le; le; ce le; Si; se la; 6) **le** ho vist**e**; -mi

Esercizio 2 pag. 82: ti; mi; -mi; ti; -lo; -mi; -melo

Esercizio 3.1 pag. 83: 1) se ne esce (inf. uscirsene); 2) *disloc. pronom:* di occasioni per notare il malcostume dei cosiddetti "turisti fai da te" in questi posti ne ho avute molte; *forma "corretta":* ho avuto molte occasioni per notare il malcostume dei cosiddetti "turisti fai da te" in questi posti. 3) *riflessivo:* **si** guarda bene; sentir**si**; **si** comportano; **si** rendono conto; **si** rivolgono; **si** preoccupano; *impersonale:* **si** gode; **si** scherza; **si** viene; *riflessivo e impersonale:* **ci si** deve... informare; 4) Le scrivo per far conoscere a **Lei**

Esercizio 3.2 pag. 84: 1) **ne** ho avut**e**; 2) mi; Le; mi; io; 3) -si, li; gli; gli; 4) li; li; -li; si; si; 5) si; ci si; -li; 6) ci (ce le); -ne; noi

Esercizio 4.1 pag. 84: ~~b; c; b; a; a.~~ ~~**Esercizio 4.2 pag. 84**~~**:** aiutar**mi**; tieni**la**; dar**mela**; **te la** ~~chiedo; **ti** dica; non dar**mela**; d~~am**mela**

Esercizio 5.1 pag~~. 85: l'aggressore che lei aveva~~ seguita/l'aggressore che l'aveva seg~~uita; 2) un giovane l'appare alle spalle/u~~n giovane le appare alle spalle; 3) chiedendola di invitarlo in casa/chiedendole di invitarlo in casa; 4) con mossa rapida la si chiude alle spalle/con mossa rapida se la chiude alle spalle

Esercizio 5.2 pag. 85: 1) L'ha seguita dentro l'ascensore. 2) Le si è gettato addosso. 3) Le ha dato un bacio. 4) Le ha detto: "Come sei bella". 5) La donna l'ha respinto. 6) Con mossa rapida se l'è chiusa alle spalle.

Esercizio 5.3 pag. 85: 1) **Gliene ha dato** uno; **Gliene ha dati** tanti; 2) **Non gliene ha dato** nessuno; 3) **Glieli ha dati** un uomo di 27 anni.

Esercizio 6.1 pag. 86: li ha visti; lei; si; bloccandolo; l'; la; li; ne; lo; riempendolo; lasciandosi; gli si; colpirlo; se n'; hanno arrestato lui;

Esercizio 6.2 pag. 86: 1) I ladri la stavano aspettando. 2) La donna li ha visti mentre entravano nella sua macchina. 3) Ne ha bloccato uno. 4) Le si è buttata addosso. 5) Ha continuato a colpirlo con pugni e schiaffi. 6) Subito dopo sono arrivati due poliziotti che li hanno arrestati.

Esercizio 7.1 pag. 86: *diretti:* **la** vive; **lo** testimonia; conoscer**lo**; *indiretti:* **mi** vengono i brividi; **ci** ha spiegato; **mi** deve fare; **mi** dice; **gli** voglio bene; *combinati:* **me lo** ha detto; *riflessivi:* **s'**innamorano; **si** sviluppino; **si** è innamorato; **si** pongono; sentir**si** libero di potersi raccontare; *reciproci:* **ci** sposeremo; sposar**ci**; **si** guardano; **si** tengono per mano; **si** rincontrano; **si** erano lasciati; *soggetto:* **io** e laura; **lui** è molto più pratico; ha detto **lui**; **io** credo; *tonici:* **a lui** piace il sorriso **di lei**; *ci:* **ci** siano; *si impers.:* **si** ricordano; **si** deve

Esercizio 7.2 pag. 87: 1) ci; 2) si; si; 3) ci; mi; 4) io; mi; gli; 5) -si; -si; -lo

Esercizio 8.1 pag. 88: **ci** spiega; la famiglia sono **io**; **Mi** sono fatta; **me li** sono scelti; come piace **a me**; **mi** sveglio; **mi** preparo; **lo** interrompo; **me ne** torno; **mi** godo; **mi** va; Sono **io** il capofamiglia; **ne** pensa; **ci si** ami di meno; **ne** hanno certamente di più; **lo** scelgono; **Le** hanno mai detto; **ti** guarda così; sacrificar**si**

Esercizio 8.2 pag. 88: 1) gli oggetti me li sono scelti da sola/mi sono scelta da sola gli oggetti; 2) il lavoro lo interrompo ogni tanto/ogni tanto interrompo il lavoro; 3) Di indipendenza le donne ne hanno certamente di più/le donne hanno certamente più indipendenza; 4) il matrimonio se lo scelgono liberamente/si scelgono liberamente il matrimonio

Esercizio 9 pag. 88: ci si; gli; ce ne; ci si; ce le; si; potersi; ce l'